泰[國]　　　　圖

清萊

清邁

曼谷

芭堤雅

七岩

華欣

蘇梅島

布吉島

自序

三年，足足三年了！

疫情無情地偷去了我們三年的歲月。在這三年中，有許多行業、店家都被迫退下。有的咬緊牙關倖存下來，有的就不幸一去不返，索情轉行。其實，倚靠著旅遊業工作的我，也曾經懷疑「旅遊天書」這玩意已經是明日黃花，成為歷史文物。也曾經懷疑還有沒有出版社會重新投資，在疫情後重新推出旅遊書。

但幸得老天爺眷顧，疫情穩定過後，竟發現市場上仍對旅遊書有極大的需求。而合作多年的經緯文化亦對這個市場充滿信心，所以在這個環境之下，也在出版社的鼓勵之下，小試牛刀，重出江湖，再度獻醜，為大家再一次帶來泰國的旅遊資訊。

儘管在疫情初期，我仍然後努力去做採訪，也儲了許多寶貴的旅遊資料；但疫情一拖就是三年，許多店家都捱不住，許多相片和稿件都變成「資源回收箱」裡的貴客。所以如今要重新製作旅遊書，在資料搜集上也花了不少時間做整理和訪問。在新書籌備期間，又踫上拍攝《冲遊泰國8》的核心檔期，一時分身不暇。

幸好，出版社的編輯團隊「捱義氣」幫忙補漏，奮勇向前，結果新一版的《冲遊曼谷2023》終於可以重新面世了！

三年後再一次拿著旅遊書去吃喝玩樂，如此光景，恍如隔世！未知大家的心情如何呢？我的心情是激動的，畢竟這曾經是昔日每年去泰國旅遊時大家常用的工具，用開，有感情啊！

祝大家旅途愉快。

冲
胡

曼谷 BTS 及 MRT 路線圖

แผนที่เส้นทางรถไฟฟ้าบีทีเอส
BTS SkyTrain Route Map

N24 คูคต Khu Khot
N23 แยก คปอ. Yaek Kor Por Aor
N22 พิพิธภัณฑ์กองทัพอากาศ Royal Thai Air Force Museum
N21 โรงพยาบาลภูมิพลอดุลยเดช Bhumibol Adulyadej Hospital
N20 สะพานใหม่ Saphan Mai
N19 สายหยุด Sai Yud
N18 พหลโยธิน 59 Phahon Yothin 59
N17 วัดพระศรีมหาธาตุ Wat Phra Sri Mahathat
N16 กรมทหารราบที่ 11 11th Infantry Regiment
N15 บางบัว Bang Bua
N14 กรมป่าไม้ Royal Forest Department
N13 มหาวิทยาลัยเกษตรศาสตร์ Kasetsart University
N12 เสนานิคม Sena Nikhom
N11 รัชโยธิน Ratchayothin
N10 พหลโยธิน 24 Phahon Yothin 24
N9 ห้าแยกลาดพร้าว Ha Yaek Lat Phrao
N8 หมอชิต Mo Chit
N7 สะพานควาย Saphan Khwai
N6 เสนาร่วม Sena Ruam
N5 อารีย์ Ari
N4 สนามเป้า Sanam Pao
N3 อนุสาวรีย์ชัยสมรภูมิ Victory Monument
N2 พญาไท Phaya Thai
N1 ราชเทวี Ratchathewi

CEN สยาม Siam
E1 ชิดลม Chit Lom
E2 เพลินจิต Phloen Chit
E3 นานา Nana
E4 อโศก Asok
E5 พร้อมพงษ์ Phrom Phong
E6 ทองหล่อ Thong Lo
E7 เอกมัย Ekkamai
E8 พระโขนง Phra Khanong
E9 อ่อนนุช On Nut
E10 บางจาก Bang Chak
E11 ปุณณวิถี Punnawithi
E12 อุดมสุข Udom Suk
E13 บางนา Bang Na
E14 แบริ่ง Bearing
E15 สำโรง Samrong
E16 ปู่เจ้า Pu Chao
E17 ช้างเอราวัณ Chang Erawan
E18 โรงเรียนนายเรือ Royal Thai Naval Academy
E19 ปากน้ำ Pak Nam
E20 ศรีนครินทร์ Srinagarindra
E21 แพรกษา Phraek Sa
E23 สายลวด Sai Luat
E24 เคหะ Khaha

W1 สนามกีฬาแห่งชาติ National Stadium
S1 ราชดำริ Ratchadamri
S2 ศาลาแดง Sala Daeng
S3 ช่องนนทรี Chong Nonsi
S4 เซนต์หลุยส์ Saint Louis
S5 สุรศักดิ์ Surasak
S6 สะพานตากสิน Saphan Taksin
S7 กรุงธนบุรี Krung Thon Buri
S8 วงเวียนใหญ่ Wongwian Yai
S9 โพธิ์นิมิตร Pho Nimit
S10 ตลาดพลู Talat Phlu
S11 วุฒากาศ Wutthakat
S12 บางหว้า Bang Wa

G1 กรุงธนบุรี Krung Thon Buri
G2 คลองสาน Khlong San
G3 เจริญนคร Charoen Nakhon

更新日期：2023年3月

Contents

Features

2023 JJ Market 速報

夜市尋寶
The One Ratchada +
Jodd Fairs

曼谷人氣新酒店

Sukhumvit Line

Siam 1-0

Chitlom 2-0

Phloenchit 3-0

Asok 4-0

Phrom Phong 5-0

Thong Lor 6-0

Ekkamai 7-1

Udom Suk 8-0

Victory Monument 9-0

曼谷酒店巡禮

曼谷暢錢攻略

水門雞大比拼

Silom Line

National Stadium 10-0

Sala Daeng 11-0

Chong Nonsi 12-0 Surasak 13-0

Saphan Taksin 14-0

MRT Line

Hua Lamphong 15-0

Lumphini 16-0

曼谷交通　交通-0　　　旅遊須知　須知-0

2023新店速報

翟道翟假日市集 (JJ Market)

去過曼谷的朋友，無不知道 JJ Market 的存在。即使在淘寶越來越易玩的年代，JJ Market 仍不減其吸引力。疫情過後，市集亦漸漸復甦，各店主都開始歸位，也有新的檔主加入。想尋寶，想找回昔日在市集萬人空巷時左穿右插的日子？快啲嚟啦喂！！

時間

市集9成以上的店舖均為兼職的個體戶，故只會在星期六日及假期才會來開店營業。故編排行程時要留意。營業時間為9:00am-6:00pm，某些店舖會營業至7時多。編輯部建議早上前來，下午3時多左右就走，免得散場時跟在場成千上萬的客人爭地鐵爭的士爭廁所。

提提你

如今在 JJ Market 去洗手間，要先付5銖；真正係「無錢無得wee」，緊記常備散錢在口袋喔！

交通

BTS 乘搭 BTS Sukhumvit 線至 N8 Mo Chit 總站1號出口跟著人潮走，見一間白色的遊客中心前的分叉路即是市集入口。

MRT 乘搭 MRT 至 Chatuchak Park 站2號出口至地面跟大隊走至遊客中心前分叉路即達市集入口。

Co Co Nut

Soi	Shop
41/2	298

JJ Market 新店之一，將澳門的雪糕三文治發揚光大，變成牛角包/軟包夾椰子雪糕！當日所見，客似雲來，大多買完就邊行邊吃。除了夾包食，還可以配奶昔，或單點兩球雪糕也可。

Soi
39 入口

Kamamarket

Kamamarket 在曼谷有許多分店，極具人氣。想不到在 JJ Market 都開有分店。店家主打香薰產品，例如香包、香油、香枝、handcream、香味蠟燭，應有盡有。全時間冷氣開放，唔買都入去過吓冷河都值得。

Sicha

Soi	Shop
46/2	288

新開店不久，主打即做手沖泰式奶茶。味道其實來來去去差不多，但這裡勝在可以坐低休息飲返杯（但無冷氣提供）之餘，門面還頗「打咭able」。打在 JJ Market 戰鬥完一輪，能夠坐下來休息補充水份實在是持續戰鬥的不二法門。

Soi	Shop
46/2	295

About Herbs

另一家新開的按摩精油店,店家主打精油都是來自有機原料;除此之外,還有泰國人最愛的「索鼻」薄荷筒、驅蚊噴霧、body scrub,甚至連用於腰酸背痛的鎮痛都有。

Limecense

Soi	Shop
43/2	120

另一家JJ Market的老店,主打自家設計卡通Tee。圖畫有sell可愛的,也有sell溫情的。布料不錯,朋友買過幾件,據知洗得多也不見得「wear」。情侶檔來買套情侶tee遊泰也是一件美事。

Soi	Shop
42/3	065

酈叉燒

酈玲玲(真是她的真名)和她弟弟開的叉燒舖,不過酈玲玲甚少落舖(但據聞的確曾經有去幫手)。言歸正傳,店家賣叉燒之餘,也有炸雲吞、豉油皇炒麵和西多士等港式小吃,味道不俗。相信是他們一家人在港生活時愛吃的港式小吃,返回泰國老家時一解思港之情。

Here and Now

Soi	Shop
42/1	027

真正的手作，織織復織織，店主在衣服上親手織上各種圖案，真正獨一無二。IG（hereandnow_store）已累積27K followers，極具人氣。不過，眼前所見，每件衫只得「一個碼，一件衫」，穿得上的話，你就是 Cinderella！

Soi	Shop
43/1	107

Lash Art

「鬼佬」店主和他男友開檔的手繪波鞋店，在 JJ Market 相當具人氣。「鬼佬」店主一邊開檔，一邊拿著 converse 布鞋畫，「名畫」系列最受歡迎，另一邊廂也有隨機性極強的「潑墨」系列，通通只得一對，穿得落的又是另一位 Cinderella！

A Pink Rabbit Around

Soi	Shop
45/1	237

之前 It happens to be closet 在曼谷不同地方以不同的名字開了許多跟愛麗詩夢遊仙境有關的分店，JJ Market 也不例外——Rabbit Around。例牌有糕點飲品發售，更有趣的是這裡竟然有二樓，也有冷氣開放，路過的不妨入去過冷河和打打咭。

<table>
<tr><td>Soi
46/1</td><td>Shop
276</td></tr>
</table>

168 Thai Resturant

在 JJ Market 要找吃的不難，但要特別指定去某一區坐低，然後再走回頭路就相當艱難。所以「行到咁上下」見到有小餐廳就好坐低醫肚。這家168裝修算不俗，最緊要是有地方坐低慢慢食。百幾銖就可以吃個飽，絕對是「行到劫」又未掃齊貨既大救星！

Goods

<table>
<tr><td>Soi
52/1</td><td>Shop
324</td></tr>
</table>

店家主要賣珠片衫，各式各樣款式齊全，幾百銖就已經有交易，買定三兩套，一般飲宴時穿就有備無患。據知有香港artist是熟客（不是冲哥），常常來買三五套用作登台之用。

Being a bro

<table>
<tr><td>Soi
52/1</td><td>Shop
308</td></tr>
</table>

主打簡約白Tee，配上簡單的印花圖案，襯衫容易；比起那些花厘花碌，五顏六色的來得清新，350銖已有交易。純棉質地，之前朋友買過幾件回港，都特意回頭入多幾件。

Smell Lemongrass

Soi
52/1

　　店家主要賣珠片衫，各式各樣款式齊全，幾百銖就已經有交易，買定三兩套，一般飲宴時穿就有備無患。據知有香港 artist 是熟客（不是冲哥），常常來買三五套用作登台之用。

Soi
52/1

Souvenior from Thailand

　　來泰國買袋可算是女仕們的指定動作，JJ Market 這裡有多不勝數的袋袋店，這家的花紋布袋價錢實惠之餘，花紋也較典雅。由 clutch 至 totebag 或化妝袋都有，100銖已經有交易，送禮自奉兩雙宜。

Thepsiri Craft

Soi
49/2

Shop
153

　　買鎖匙扣做手信雖然是比較老土，不過用皮革做動物造型的鎖匙扣就較少見。有貓有狗有海洋動物，甚至是貓頭鷹都有。也許店主特別喜歡臘腸狗，店內光是臘腸狗款，已有6、7個花款，造型有趣，買來掛在背包也不錯。

Nava Market

Soi	Shop
48/2	086

浴球一向都是女士或小朋友會愛用的,不過普遍都比較貴,「炸」一次都「幾廿蚊」。不過 JJ Market 這店的浴球價錢相宜之餘,350銖3粒,更有不同的香味選擇。「炸」得開心,荷包也舒暢。

Pang Dee

Soi	Shop
47/2	032

這家算是 JJ Market 內輩份高的老店,專賣即焗香蒜牛油餅乾,香味遠處已經嗅得到。舖面裝修簡單,但食物味道一點都不簡單,無論是當地朋友或旅客老饕,都會來這裡買幾包過口癮。

Sleeveless Garden

Soi	Shop
47/1	018

自家品牌的皮具店,設計清新脫俗,簡單點來說是走文青路線。尺寸老早已經計算好,足夠放13寸 Macbook,適合許多 OL 或「工無定所」需要 notebook 在身的 slash 一族,店家的皮袋在 EmQuartier 的 Another Story 也有分店寄售啊!

nontouch

Soi	Shop
48/1	061

世界大同，這家店主打同志主題的Tee，在曼谷頗受歡迎。不過也許香港對彩虹主題的接受程度，未及泰國，所以大家未必會接受到他們某些程度的圖案或款式。當然，如果你接受到，不妨來這裡買一兩件支持一下。

Shop
123

IndeeZ

全店均一主打Bangkok，冚唪唥Tee都是曼谷曼谷和曼谷。也許你會覺得老土，但的確又有很多遊客和本地人愛這些曼谷Tee。款式不俗，算是用心設計，穿上身也看不出閣下是一名「典型遊客」。

Duck Noddle

Shop
243

名副其實的鴨店，全店主打鴨肉麵食（其實也有雞肉提供），大大隻鴨肶配湯河，是JJ Market內的人氣食店，150銖一碗，抵食到爛。好胃口的不妨多點一份鴨血湯，肯定飽到上心口。

Section 7.	Soi 63/8	Shop 266

Poster

在 JJ Market 賣電影海報掛畫，他就是當年的第一家。在 Section 7 專賣藝術品的專區，大入口前就會見到這家畫店。價錢屬平屬貴，藝術的東西我的確只是「識條鐵」，不過店家屹立不倒，相信是有其箇中的利害地方。

Paella

Section 8	Soi 14/1	Shop 022

這家食店簡直是結合餐飲娛樂於一身的西餐廳！逢星期六日（白痴！大家不就是星期六日才來的嗎!?）有

靚女歌手在店前賣力獻唱，邊吃邊聽歌，風味極佳。一碟西班牙海鮮炒飯才索價160銖，簡直是賣大包！

Section 9	Soi 18/3	Shop 301

Dolls

雖然你未必童心未泯，但如此有趣可愛的布娃娃，相信路過也會駐足留意一下。據悉大部份布娃娃是店主親手做的手作，價錢不貴，最平39銖的小匙扣已有交易。一針一線，完全對得起這個價錢，買來做小手信已經值回票價。

Denim Bags

Section 14	Soi 22/5	Shop 091

牛仔布袋其實在泰國興了許多年,的確歷久不衰。這店將牛仔布袋再重新變奏,變得更時尚,有些配上泰國風,有些配上民族風;最重要的是,價錢極之相宜,上膊袋90銖已有交易,淘寶貨都難以匹敵。

Section 16	Soi 24/7	Shop 031

Bee Thai Massage

在 JJ Market 其實有十數間按摩店,不過絕大部份都是只提按腳按或肩頸按。想來個全身按,或者想地方闊落一點的,全個市集只有兩家——這是其中一家。最緊要,還是有冷氣開放,絕對是身心充電的好地方。

Vintage Shirt 140

「夏老威」恤衫在熱帶地區的確頗受歡迎,泰國也不例外。JJ Market 這家專賣「夏老威」恤衫的老店,將夏威夷恤來個變奏,印上一些誇張的泰式圖案,例如滿天神佛等,在沉悶中加添一點色彩和樂趣。

Section 14	Soi 24/4	Shop 140

Section 18	Soi 25/4	Shop 273

Portrait by damn

相當簡陋的舖位，但的確店家是沒啥好賣——賣的是5分鐘速寫素描，50銖一幅，畫得有趣，坐得舒服。即使不是為了一幅畫，光是可以舒服坐一下也是值得。

Samza

Section 19	Soi 6/1	Shop 010

椰子雪糕昔日在JJ Market的外圍多的是，五步一小家，十步一大家。但時至今日，各路小販已被整合，場內只有舖位的才可售賣雪糕。Samza較特別的，除了雪糕味道外，最緊要的是有座位堂食啊！

Section 21	Soi 29/5	Shop 013

Mika Mika Goods

INFO IG:mika_mikagoods

賣布公仔似乎在JJ Market頗吃得開，想突圍而出，總要有些新鮮元素。凡買任何布公仔，都可以免費在公仔上加上自己的名字——當然是加上英文字母，並不是泰文名字啦。

Begems Shop

Section 23 | Soi 32/5 | Shop 067

收藏界中，其中一個頗特別的就儲汽水／啤酒品牌的杯或容器。店家發售一些特別的汽水／啤酒品牌的杯或容器，本人不太清楚其罕有度，不過採訪路過時都見有不少顧客駐足，估計店家是「老行家」。

Section 23 | Soi 32/5 | Shop 066

Korn Vera

另一家自家設計的小店，店家主打撞色主題的首飾配件，由髮夾到皮帶項鍊都一應俱全。

Butterfly

Section 24 | Soi 34/3 | Shop 084

這個香水品牌是來自清邁，香水的氣味走清新輕盈路線，相信較適合一眾年輕女士。最有趣的是其中一款，是「芒果糯米飯」味！緊記這是香水，不能夠噴到飯餸上當作芒果糯米飯餚呢！

Section 26 — Shop 001 — My Thai

在淘寶未興起之前，碗碗碟碟在 JJ Market 是必買的東西；時至今日，即使淘寶盛行，買碗買碟仍是指定動作。這家老店多年來屹立不倒，相信是其貨式特別又實惠。買啦，不要諗啦！

Section 27 — 入口 — Toh Plue

要知道，在 JJ Market 可以提供座位的食店，實在不多。正所謂遊客千萬，座位十數，路過有座位的食店就要把握機會。更甚的是，這裡冷氣開放，實在是一眾行街累爆人仕的天堂。食物和飲品味道俱佳，值得前來。

翟道翟假日市集
（JJ Market）

Chatuchak Park

Mo Chit (N8)

Chatuchak Park

出1

出1

BTS Sukhumvit線

MRT地鐵線

Section 07

$

遊客中心

Section 08

Section 09

Section 09

Section 06

JJ Plaza

Section 11

Section 13

Section 10

Section 15

Section 12

Section 05

Section 29

Section 27

Section 17

Section 14

手工藝品和雜物
舊書和收藏品
寵物和寵物用品
家具
古董
小擺設和雜貨
植物和園藝工具
服裝和飾物
家品和飾物

Section 19

Section 16

$

Section 25

Section 20

Section 18

$

Chatuchak
Weekend Market

Section 01

Section 26

Section 22

Section 20

Section 04

Section 24

Section 23

Section 22

Section 21

出1

Kamphaeng Phet

出2

Section02

Section03

出3

柯多哥
飲食市集

夜市雙響炮!!
The One Ratchada & Jodd Fairs

曼谷行夜市

差不多是指定動作，疫情期間，一眾夜市市集紛紛關閉，如今大部份已經重新開業。除了Asiatique以外，The One Ratchada和JODD Fair相信是兩個必去的大型夜市。話明夜市，請大家不要太早去，畢竟許多店主日間都有正職，下班後才去開檔「賺多一份」；正路的話，大約6:30pm左右才陸續開檔，當然，也有個別店舖是全身投入，早至5:00pm已經開店。若閣下時間充裕，也可早一點到場，邊行邊吃，畢竟地方諾大，要認真行畢全場都需要點時間。

兩個夜市只是相距一個地鐵站，真心時間不多，或自稱夜鬼大胃王的話，可以一晚連踩兩夜市，玩到凌晨才call Grab Taxi返酒店亦可（MRT尾班車收12:00mn）。

The One Ratchada

位置就是昔日的火車夜市，如今已經轉了老闆（實情是上一手夜市的老闆，轉戰JODD Fair夜市；而The One Ratchada夜市，則是另一個老闆開設的）。規模跟昔日的細了一點，由七彩帳篷變成純白帳篷，並改名為The One Ratchada。當然，如今已經不能再見到七彩繽紛的夜景；不過，買衫買手作精品和大擦地道美食，還是有過之而無不及。當然，也要特意來一睹夜市「水果西施」的風采喔！

交通 MRT地鐵 Thailand Cultural Center 站3號出口，穿過 Esplanade Ratchada 商場 G/F 後（或從旁邊停車場入口車道行），即見夜市入口。

Lobster Burn

顧名思義，煮熟了的龍蝦，食用前再炙燒一下，風味甚佳。

「公釘」

近年流行將活生生的櫻花蝦，浸入醬料之中，然後「噂一著」送入口。

V18

人龍常在的一店，據知烤腸是來自泰北清邁，肉香爽脆，只是25銖一條，真正抵食。

魷魚

放上鐵板香煎，灑上香
，極之惹味。淨腳40銖
100銖一串。

Smoothie Sweety Girl

The One Ratchada 西施之一，人
美果汁甜，不論男女都其實是慕名而
來，醉翁之意不在果汁呢！

hickens d Waffles

仔餅大家食得多，但夾著
來吃，又別有一番風味！

Ah-Hoy

主打海鮮刺身，新鮮生蠔，即叫即開，小的100銖10隻；大的200銖10隻。還有手抓燒烤海鮮拼盤供應呢！

BoBo

名乎其實的一店兩制——一邊是一人火焗連DJ打碟，另一邊是超人氣泰式米線，客人點一碗米線之後，桌上的蔬菜全部任吃，放入滾燙的泰式湯料內浸著吃別有風味。

脆皮五花豬腩

相信是 The One Ratchada 另一令人流連忘返，慕名而到的西施之二！脆皮五花豬腩，200銖起有交易，應該去支持一下啦！

Cocoa 勁濃朱奶

近期曼谷的超人氣飲品，非這些勁濃朱奶莫屬啦！這家除了飲品了得以外，店員更是跨世代，不論年青或成熟的都有，各花入各眼，你當她們是夜市西施亦無不可。

雞屁股串燒

夜市其實也有許多在唐人街古精靈怪的東西發售，例如這些常常排長龍的雞屁股串燒，在這裡也吃得到，不用排長龍，吃得舒服。

偽布袋

近期大熱的偽布袋，除了老麥之外，還有 IKEA 和家鄉雞，價錢相宜之餘，設計也十分獨特，而且實用，不妨買回港做手信。

椰子雪糕

在 JJ Market 經常排長龍的椰子雪糕，這裡不用排長龍，伸手付款就可以食到。除了雪糕外，原個椰青、無糖椰水都即場有售。

地址：99 Ratchadaphisek Road, Din Daeng, Bangkok（Esplanade Ratchada 背後）
電話：02-006-6655　　時間：每日 5pm-12mn
網頁：www.facebook.com/theoneratchada

Jodd Fairs

交通

MRT 地鐵 Phra Ram 9 站 3 號出口轉左往後徒步轉入 Rama IV Rd 向前行約 100 米後即見 Jodd Fairs 在左手邊（或可穿過 Central Phra Ram 9 商場 G/F 到後門亦可）

Jodd Fairs 的人氣比 The One 更高，也許老闆的宣傳能力強大開業，轉瞬間已經成為城中必到模跟昔日的火車夜市有過之而無 4pm-12mn 開業，未到 6 點已經開晚飯時間，那些「露天堂食餐廳」龍，如手抓酸辣火山排骨店，往往鐘至 20 分鐘才可以入座，大家要有

至於水果西施嘛……跟 The One 的當場比下去囉！人氣之盛，一時拿著果汁，一邊掃街，由烤腸、燒汁脆餅應有盡有。記得留住肚皮，許多地道美食喔！

必吃推介！！

人紅就自然生意旺，相信絕大部份來買果汁的朋友，都是為了一睹果汁西施的風采而來的。放心，就算有幾多人，都一定有機會「攝」入檔口跟西施拍個 selfie！（IG: joinyy）現場 order 甚多，平均要等 15-20 分鐘才到閣下的 order，一杯芒果沙冰（130 銖），即使較其他攤位的貴一點，也是值得的！

水果西施
JoinYY

山排骨
LENG ZABB

中哥面前這坐元祖「火山排
」，盛惠599銖。最適合一班朋友來
嘗（當然要相機食先啦！）如果簡簡
單的兩口子，可以點L級（220銖-
圖中四方大碗），夠吃有餘。味道既
又辣，要有心理準備喔！不過提一
大家，從四方八面的食評得知，因
客人太多，有時候食物的水準會
太穩定。如遇上不太合口味的時
，還請大家多多包涵。

手抓海鮮拼盤
Crazy Shrimp

這就是近日人氣熱爆的手抓海鮮拼盤！店家
會先給你一張菜單，在蝦（手掌般大）、魷魚、
蜆、青口、雞肉腸和粟米選出你想吃 / 或不
想吃的；可額外再加topping（炙燒芝士49銖、
意粉39銖、白飯15銖），中份量（M級）的489
銖已有交易，基本上都夠兩口子吃到飽；XXL
級（1,189銖）的就屬6-8人份量（提示：青口、
魷魚和蝦比較穩當）。

這家漢堡包認真製作之餘，更有高僧加持的佛印烙在包面；購買前還可以求籤，有機會抽中折口優惠。漢堡包肉汁滿滿，還有一小片金箔附上，份外高貴。店員端上包包給客人前，客人還可以先許個願呢！

花花甜品
Luk Chup

這個花花造型的小甜品，其實是綠豆餡，外皮吃下去有點像啫喱般，香甜軟滑。光是造型已經IGable，味道是只是微甜，相當易入口，一次吃幾個也不會太飽。25銖一件，買多幾件買回酒店慢慢嘆亦佳。

停不了口
Hmm Souffle Pancakes

外脆內軟，餅心微暖，口感相當討好，的確是一款百吃不厭餐！6 小件配一份軟雪糕，滋味無窮！冲哥三扒兩撥已經全份吃光，愛好小甜品的朋友記得來這裡試一份啦！

跨國大品牌
攪鬼襪仔

襪仔款式多多，最攪鬼的是所有款式都是跨國大品牌的「致敬版」。由足球球會至零食品牌，甚至國際連鎖食店餐廳的貼牌 logo 款都有。質料不俗，相信不是穿幾次就爛的物料。

笠你麻包袋
紙布袋

JJ Market 和 One Ratchada 熱賣的紙布袋在 Jodd Fair 都有得賣！咖啡店、家俬舖......其中的老麥外賣袋是最神似的。不靠近看的話，真的以為是平日用開的外賣紙袋。

地址：Rama IX Rd, Khwaeng Huai Khwang, Khet Huai Khwang
（Central Plaza Rama 9 商場背後）　電話：092-713-5599
時間：每日 4pm-12mn　網頁：www.facebook.com/JoddFairs

2023 曼谷人氣新酒店

01 The Standard, Bangkok Mahanakhona

酒店2022年開業，由設計鬼才 Jaime Hayon 操刀空間設計，而且酒店擁有全泰最高的高空酒吧！餐飲方面，有香港朋友熟悉的 Mott 32 卅二公館在泰國的首家分店，份外親切，在香港訂不到位吃蘋果木烤北京烤鴨的話，可來這裡試試運氣。

78樓的 Skybeach 是現今全泰最高的 rooftop bar，擁有360度的全景，打卡或賞風景皆屬一絕！提醒一下，晚上7點後，將收取500元泰銖的入場費，但可用於抵餐飲消費。

酒店提供155間客房，客房面積從 40 平方米到 144 平方米不等，採用 Bang & Olufsen 頂級音響、Nespresso 咖啡機，盡顯尊貴。房型大致分成8種，最基本嘅係 Standard King，四百幾呎，地方寬敞，浴室設有浴缸。Deluxe King 的浴缸更望到市景，邊嘆浸浴邊望住曼谷市，相當寫意。

值得一提係，酒店係寵物友善，雖然你未必會帶寵物去旅行，但可以做個心理準備這裡會有機會遇到其他遊客帶來的寵物。

INFO

地址：114 Narathiwas Road, Silom, Bangrak
電話：02-085-8888
網頁：www.standardhotels.com
價錢：Deluxe Rm (45sqm) HK$1,600起；
Suite (83sqm) HK$3,500起

New Hotel-1

02 Capella Bangkok

你無睇錯！曼谷市區河濱地帶都有私人Pool Villa，就是這間2020年開幕的5星級豪華酒店 Capella Bangkok，離 BTS Saphan Taksin 只是10分鐘步行距離，實在值得一試！

INFO

地址：300 2 Charoen Krung Rd, Yan Nawa, Sathon
電話：02-098-3888
網頁：https://capellahotels.com/
價錢：Riverfront Room (61sqm) HK5,000起；Villa (259sqm) HK$17,000起

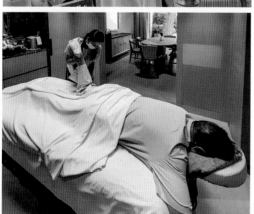

　　早前採訪時已率先入住，Villa 只有 7 間，分成 2-bedroom 總統級和一般級，要訂就要快手，雖然價錢一點也不地道草根。入住 Villa 可以通過私人庭院入口進入，就算在河邊都有頂級奢華的舒適感和完全嘅私隱！

　　面積有成二千幾呎，180度全河景，房間走出去就係平台地帶，這裡有個 Jacuzzi 水池，再加休憩地帶；平台地帶還可以做 BBQ service，有廚師上門幫你燒，跟家人朋友一齊 party 都可以。

　　預算不高的朋友可以選擇 Verandah 房型，房間一樣有 Jacuzzi，價錢相對 Villa 房較平易近人，河景比起 Villa 房有過之而無不及。

03 Ascott Embassy Sathorn

　　酒店極之新淨，2022年8月才開業，豪華之餘，房間款式多又大，由「基本」的豪華客房（35sqm）以至「家庭式」兩房套房（100sqm）都有！套房除了有基本煮食設備外，還有洗衣乾衣機可用，認真貼心。最開心的是莫過於房價相當貼地，兩房套房一晚房價都只是HK$2,000以下，如此價位很難不心動。9樓也設有旅客最期待的 infinity pool 和按摩池，對上一層就是健身室，另外亦設有兒童玩樂室，親子客就最適合不過。

　　話雖如此，酒店位置距離最近的BTS Sala Daeng站都有接近10分鐘腳程，出入要預多少少腳骨力。當然如果出入都是call Grab Taxi或全程包車的話，就絕對抵住。

INFO
地址：59, S Sathon Rd, Thung Maha Mek, Sathon
電話：02-343-1999
網頁：www.discoverasr.com
價錢：Deluxe Rm (35sqm) HK$800起；2 Rms Premier (100sqm) HK$1,900起

04 Sindhorn Kempinski

這家新酒店，跟同系位處於 Siam Paragon 後方的 Siam Kempinski 裝修風格完全不同，新酒店走型格路線，在餐飲方面比較貼地，Flourish 引入米芝蓮一星 Loukjaan by Saneh Jaan 的大廚坐陣，但價錢親民貼地，相當抵食。

房間方面，以面積大取勝，即使最細的房間都設有客廳，如你入住 Grand Premier Room 的話，客廳旁有一個小小的煮食區，備有電磁爐和微波爐，可以簡單煮個麵食。浴室更設有獨立大浴盆；浴室旁就是衣帽間，認真闊落。酒店也有半月型無邊際泳池，不過面積就不算太大罷了。

INFO
地址：80 Soi Ton Son, Lumphini, Pathum Wan　電話：02-095-9999
網頁：www.kempinski.com/en/sindhorn-hotel
價錢：Grand Premier (70sqm) HK$2,700起；Executive Club（80sqm）HK$2,900起

05 Wyndham Bangkok Sukhumvit 48

旁邊就係商場 Century Plaza Mall，行5分鐘就到 BTS On Nut 站，曼谷這間2022年翻新嘅酒店 Wyndham Bangkok Sukhumvit 48 屬 Ramada 集團旗下，會否是你下一間入住的酒店？

房間只有兩種，Deluxe（30sqm）及 Corner Suite（45sqm），級數雖不是5星頂級，但價錢相宜，「book 唔切」酒店的話不妨一試。Superior Room 四正整齊，基本配備有齊，落地玻璃窗令室內有足夠日光；浴室亦都簡單不太多花巧陳設，沒有浴缸但淋浴間尚算寬敞。另一種房叫 Corner Suite Room，間隔類近，不過多了一個半客廳空間，多個位置放了梳化，以及靠牆櫃仔；浴室就差不多的配套。

泳池跟 gym room 設在6樓，泳池個景出奇地優美開揚，曬太陽，嘆杯冰凍飲品，一樂也。

INFO
地址：1448 359 Sukhumvit Road, Phra Khanong Subdistrict Khlong Toei　電話：02-332-1222
網頁：www.wyndhamhotels.com/ramada/bangkok-thailand/ramada-plaza-bangkok-sukhumvit-48/overview
價錢：Deluxe（30sqm）HK$400起；Corner Suite（45sqm）HK$600起

06 Quart Ruamrudee by UHG

　　2021年開業的半新酒店，走三、四星路線，地理位置不算太近BTS站，徒步約6分鐘即達BTS Phloen Chit站。雖説酒店不屬豪華類別，但勝在房間類型夠多，由基本雙人房（25sqm）至兩房套房（65sqm）都有，價錢極之親民。最重要的，是天台有一個露天大泳池，還有一個健身房，設施齊備。

　　如果是一家幾口來玩的，可以考慮一下這裡的套房，房間有基本煮食設備，煮個麵或炒個蛋絕對無問題！

INFO
地址：38/3 Soi Ruamrudee, Ploenchit Road, Lumpini, Pathumwan
電話：02-038-2999　網頁：www.quartruamrudee.com
價錢：Superior (25sqm) HK$550起；Suite（65sqm）HK$1,300起

07 PASSA Hotel Bangkok

另一所半新舊酒店，大樓潛隱於Silom區民居之間，規模不大，只有四層，但卻在天台開設露天泳池，相當有驚喜。

徒步5分鐘即可走入Silom的小販區，地道美食一大堆，Silom Road上又有大量小店，而在Rama IV Road交界的Silom Edge更設有24小時營業的All Day Dining樓層，勝利紀念碑那邊的其中一家船麵店也在那裡設店，搵食極之方便。酒店鄰近BTS Sala Daeng站，出入方便。

房間方面，面積不算太大，屬基本盤，兩人房有32sqm，合適兩口子快閃shopping之旅。

INFO
地址：63 Soi Saladaeng, 2 Sala Daeng Rd, Bang Rak
電話：02-056-6900
網頁：https://passa-hotel.bangkokshotels.com/en/#main
價錢：Superior Rm（23sqm）HK$600起；Deluxe Twin（30sqm）HK$800起

Kimpton Maa-Lai Bangkok

　　這間酒店,後方其實是連著同系另一間型格酒店──Sindhorn Kempinski,兩者之間以一個諾大的花園相隔,散步也好,打咭也好,能夠在酒店之間無間遊走也算是一個賣點。Kimpton Maa-Lai的房間在同價位酒家相比之下面積稍大,重點在於其浴室有企缸之餘,還有一個獨大浴盆!

　　泳池屬無邊際設計,夠長夠深,不可以跟那些「hea游級」水池相比喔!順帶一提,這是一家寵物友善的酒店,雖然香港旅客不會帶同主子前往,但當地的泰國旅客也許會帶同家中主子入住。如果閣下對貓狗特別敏感,就要考慮一下了。

INFO
地址:78 Soi Tonson Lumpini, Pathuwan　　電話:02-056-9999
電話:www.kimptonmaalaibangkok.com/
價錢:Essential(58sqm)HK$2,200起;Maa-Lai Suite(83sqm)HK$3,400起

09 Four Seasons Hotel Bangkok at Chao Phraya River

Four Seasons 2020年終於回到曼谷河畔區 Charoen Krung 路！最基本的 Deluxe 房 (50sqm)，優雅具格調設計，一入去就令人相當舒服；若要河景的話，可以選 Executive 1-bedroom，有昭拍耶河景、客飯廳、浴缸等設備，價錢自然相對較高。如 over budget 的話，可以選擇 Studio，面積細少少，但一樣有河景。提提泳池，共分成三個部分，適合各類型不同顧客，其中兩個泳池是 infinity pool 呢！酒店位置大約距離 BTS Saphan Taksin 站15分鐘步行路程，去 Asiatique 河濱夜市就約7-8分鐘車程，相當方便。

INFO
地址：875300/1 Charoen Krung Rd, Khwaeng Yan Nawa, Sathon
電話：02-032-0888
網頁：www.fourseasons.com/bangkok
價錢：Deluxe Palm Court（50sqm）HK$3,500起；Premier River View（50sqm）HK$4,400起

10 Sindhorn Midtown Hotel

　　沖哥跟大家誠意推介這家酒店，一來是空鐵沿線，二來地方簡潔，出入方便，亦有健身室和infinity pool，最重要的是酒店後方，開設了極受親子客人歡迎的Harbour Land，近在咫尺，十分方便；雖說面積較一般分店細，但入場費亦相應有優惠。

　　房間方面，面積不算超大，浴室雖只設企缸，但有房間設有小客廳，更提供洗衣機、電磁爐和微波爐，起居作息就更加舒適。

INFO
地址：68 Soi Langsuan, Lumphini, Pathum Wan
電話：02-796-8888
網頁：www.sindhornmidtown.com
價錢：Standard Rm（33sqm）HK$900起；Sky Suite（33sqm）HK$1,100起

11 Solaria Nishitetsu Hotel Bangkok

　　這是一間泰日合作的新酒店，位置超級優越，就在BTS Asok站旁，直接有天橋連接，刮風落雨也不怕。Standard及Deluxe Room就走基本路線，Grand Deluxe或以上的房款，就設有客廳，設計實用簡約。酒店泳池屬半露天，即使下雨，也不會大掃雅興。

INFO
地址：1 Sukhumvit 14 Alley, Khlong Toei
電話：02-092-8999
網頁：www.solariabangkok.com
價錢：Standard（25sqm）HK$700起；Deluxe Corner（30sqm）HK$800起

水門街三大海南雞店大比拼

在水門街的 The Palladium World Shopping Mall 的對面，即天橋底旁邊的一條街之上有三間海南雞飯，三間之中究竟有什麼分別，哪間最好吃？

Kuang Heng

其實這三間海南雞飯可説是各有特色，首先沿 Big C 方向去水門街，到達街口一轉進去就會看到一間賣串燒沙嗲和泰式奶茶的店鋪 —— Kuang Heng，聲稱已有六十年歷史，這店最初是賣串燒沙嗲（60銖6支）和泰式奶茶，最近幾年在旁邊買多個舖位賣海南雞飯。

INFO
地址：930 Phetchaburi Road, Pratunam
營業時間：24小時營業
網頁：www.facebook.com/kuangheng1932

Ko-Ang Kaiton Pratunam

往前走會看到穿粉紅色制服的Ko-Ang Kaiton Pratunam，海南雞飯有四十多年的歷史，是三間之中人流最多的一間，兼且還有中文餐牌，門口還有一個位置給大家排隊所用，每日都客似雲來，很多時也要等位，裡面吃海南雞飯、著名燉湯，因為旁邊有其他小販和熟食檔，也會有其他熟食檔的餐牌，於是乎在這裡除了吃海南雞飯之餘，還可以吃炒菜、豬頸肉、燒魚等，一樣不是只是吃雞那麼乏味，還有一些屬於東北的泰菜供應，每日都有很多中港台人士前來光顧。

INFO
地址：Soi Phetchaburi 20, New Phetchaburi Road
電話：02-252-6325
營業時間：6am-2pm；5pm-2am
網頁：www.facebook.com/chickenrice30

Midnight Kaiton

再往前走就是有三十多年歷史的Midnight Kaiton，這間的餐牌就沒有中文，只有英文。算是比前兩間環境最差的一間，因為近巷尾擺了幾張桌椅而已。有網友評這間是最好吃，除了有普通雞和炸雞之外，亦有燉湯、苦瓜湯和烏雞湯等。

據老闆說，因為一條街之上有三間海南雞飯，所以很多時人們走過來時，便會光顧了第一或第二間，很少有人客會流到他們第三間。而個人覺得味道三間都差不多，如果第二間真的要等很久才有位的話，不妨走多幾步來第三間光顧一下，因為味道質素都差不多，起碼不需要等很久才有位，還有不需要像街市般坐滿人那麼墟冚。

INFO
地址：New Phetchaburi Road, Makkasan
電話：087-815-0397
營業時間：7pm-4am

哪間是超好吃或特別好吃？

其實如果以雞味或飯來評，三間無論價錢或質素也差不多，只是第一間有更多的選擇，第二間很出名，還有中文菜牌，而第三間就坐得較舒服，不會太逼。三間在網上都有讚有彈，口味每人不同，如你5am去吃海南雞，便會去第一間，因為24小時營業；又或者你要看中文餐牌兼喜歡熱鬧的就去第二間；如你不想太嘈吵或太多人，坐得舒服點的話，可去第三間。

百貨賣百客，大家不妨自己選擇，如果你住得太遠的話亦不需要專程搭車來吃。

Chitlom

Siam

Silom

Saphan Taksin

Nana

Asok

Phrom Phong

曼谷人氣酒店巡禮

Centara Grand at CentraWorld

地址： 999/99 Rama 1 Road, Pathumwan
電話： 02-100-1234
網頁： http://www.centarahotelsresorts.com/centaragrand/cgcw
基本房種及面積： Deluxe World Family 420sqF
短評：在Central World樓上，找吃出入通通方便，可以買完拿上房；天台有露天酒吧，不妨試試！

Centre Point Hotel Chidlom

地址： No. 60, Soi 1 Langsuan Road, Patumwan
電話： 02-365-8300
網頁： http://www.centrepoint.com/centrepoint-group/chidlom/
基本房種及面積： 2 Bed Rm Suite 915sqF
短評：有兩間獨立睡房的Suite，房價不貴，約$15XX /晚；
惟距離BTS站稍遠，徒步約8分鐘，而酒店泳池有上蓋的，愛
曬太陽的朋友要留意。

Grand Hyatt Erawan Bangkok

地址： 494 Rajdamri Road, Bangkok　**電話：** 02-254-1234
網頁： https://bangkok.grand.hyatt.com/en/hotel/home.html
基本房種及面積： Grand Room 431sqF
短評：四面佛就在酒店旁邊，朝聖者最適合入住；當然，如果喜歡寧靜的朋友，就應
該另作他選了！

Chitlom

Siam

Silom

Saphan Taksin

Nana

Asok

Phrom Phong

Anantara Siam Bangkok

地址：155 Rajadamri Road, Patumwan
電話：02-126-8866
網頁：http://siam-bangkok.anantara.com/
基本房種及面積：Deluxe Room 452sqF
短評：酒店就在BTS站前，出入極方便；出名的Anatara Spa就在酒店內，手勢一流，值得一試。

Grande Centre Point Hotel Ratchadamri

地址：153/2 Mahatlek Luang 1, Ratchadamri Rd
電話：02-670-5000
網頁：http://www.grandecentrepointratchadamri.com/
基本房種及面積：Grand Suite with Kitchen 743sqF
短評：位置不俗，就在BTS站前些位置；房價超抵，獨立睡房Suite連廚房只需約$1,0XX/晚，家庭客可以多加考慮。

Courtyard by Marriott Bangkok

地址：155/1 Soi Mahadlekluang 1, Ratchadamri Road
電話：+66-2-690-1888
網頁：http://www.marriott.com/hotels/travel/bkkcy-courtyard-by-marriott-bangkok/
基本房種及面積：Grand Deluxe 323sqF
短評：位置跟上前的Grande Center Point深入少少，出入外遊都要走多少少路；房間不算大，特色欠奉，屬附近酒店爆滿無房候補之選。

Chitlom

Siam

Silom

Saphan
Taksin

Nana

Asok

Phrom
Phong

曼谷人氣酒店巡禮

The St. Regis Bangkok

地址：159 Rajadamri Road, Bangkok　　**電話**：02-207-7777
網頁：http://www.stregisbangkok.com
基本房種及面積：Grand Deluxe Rm 484sqF
短評：在BTS站前，出入方便；雖說房間不算特大，但景觀開揚，遠望旁邊的大公園，心曠神怡。

Cape House Serviced Apartments

地址：43 Soi Langsuan, Ploenchit Road
電話：02-658-7444
網頁：http://www.capehouse.com
基本房種及面積：1 BedRm Suite 527sqF
短評：本身是服務式住宅，有獨立睡房及廚房，房價相宜，一睡房套房約$8xx/晚；離開BTS站只是約3分鐘腳程，絕對抵住；惟泳池偏細，請留意。

Hotel Muse Bangkok Langsuan - A Mgallery Collection

地址：55/555 Langsuan Road, Lumpini
電話：02-630-4000
網頁：http://hotelmusebangkok.com/
基本房種及面積：Executive Rm 420sqF
短評：酒店天台有露天餐廳，情調不俗，許多街客均慕名而來；房間裝修情調高雅，景觀不俗；泳池屬長條形，人多時就稍為迫夾。

Urbana Langsuan Bangkok, Thailand

地址：55 Langsuan Road, Lumpini
電話：02-250-6666
網頁：http://www.urbanahospitality.com/urbana-langsuan/
基本房種及面積：1Bed Executive Rm 700sqF $6xx
短評：$6xx/晚可以租到一間700平方呎，有獨立睡房、客廳及廚房的套房，實在是平霸。不過針無兩頭利，酒店的泳池細得可憐，不要有奢望。

Renaissance Bangkok Ratchaprasong Hotel

地址：518/8 Ploenchit Road, Bangkok
電話：02-125-5000
網頁：http://www.marriott.com/hotels/travel/bkkbr-renaissance-bangkok-ratchaprasong-hotel/
基本房種及面積：Deluxe Rm 409sqF
短評：酒店泳池幾靚，房間浴室只用玻璃相隔，相當香艷。位置不俗，BTS站徒步約3分鐘。穿過酒店的停車場，外邊就有夜市，夜鬼最合適！！

Holiday Inn Bangkok, an IHG hotel

地址：971 Ploenchit Road, Patumwan
電話：02-656-1555
網頁：https://www.ihg.com/holidayinn/hotels/us/en/bangkok/bkkpc/hoteldetail
基本房種及面積：Standard Rm 307sqF
短評：雖說房間不算華麗，但酒店位置係一大賣點，對面是林真香，斜對面是四面佛，旁邊是Central World，不遠處更是必到的BigC超市；而房價是合情合理，故要訂房的就要早。

Chitlom

Siam

Silom

Saphan Taksin

Nana

Asok

Phrom Phong

Chitlom

Siam

Silom

Saphan Taksin

Nana

Asok

Phrom Phong

曼谷人氣酒店巡禮

InterContinental Bangkok

地址：973 Phloen Chit Road, Pathum Wan
電話：02-656-0444
網頁：http://bangkok.intercontinental.com/
基本房種及面積：/
短評：酒店正進行翻新工程，暫停營業，暫定2023年底前重開。

Novotel Bangkok Platinum Pratunam

地址：220 Petchaburi Road, Ratchatevee
電話：02-209-1700
網頁：http://novotelbangkokplatinum.com/
基本房種及面積：Superior Rm 269sqF
短評：位置就在水門街附近，就在Platinum Fashion Mall 樓上，是買貨及愛吃水門海南雞的朋友的首選；房間偏細，但勝在位置熱鬧，酒店更有免費Tuk Tuk做駁腳出入。

Amari Watergate Bangkok

地址：847 Petchburi Road, Bangkok　**電話**：02-653-9000
網頁：http://www.amari.com/watergate/
基本房種及面積：Deluxe Room 431sqF
短評：跟Novotel Bangkok Platinum Pratunam對看，十分適合要在水門街一帶辦貨的朋友。房間比較大，酒店還列明Deluxe房最多可以讓3位成人入住。（當然要劏一張大床啦！）

Sivatel Bangkok

地址：53 Wittayu Road Lumpini Patumwan　**電話**：02-309-5000
網頁：http://www.sivatelbangkok.com
基本房種及面積：Grand Regal Suite　861sqF
短評：位置算不俗，徒步4分鐘左右就到Phloen Chit BTS站，轉個彎就是Central Embassy，食買玩都方便。若想住大一點的，這裡的Grand Regal Suite（861sqF，1 Bedroom）房價約為HK$12xx，相當抵住。

The Okura Prestige Bangkok

地址：Park Venture Ecoplex, 57 Wireless Road　**電話**：02-687-9000
網頁：http://www.okurabangkok.com/en/index.html
基本房種及面積：Deluxe Rm 463sqF
短評：酒店25樓有infinity pool，在市區酒店屬少有，同時亦有露天天際酒吧。除此之外，酒店還會為小朋友提供適合小朋友的起居用具，如暖奶器；隨行的小朋友更有小熊玩具贈送（需入住前通知），相當體貼。

Chitlom

Siam

Silom

Saphan Taksin

Nana

Asok

Phrom Phong

Chitlom

Siam

Silom

Saphan
Taksin

Nana

Asok

Phrom
Phong

曼谷人氣酒店巡禮

Grande Centre Point Hotel Ploenchit

地址：100 Wireless Road, Lumpini　**電話**：02-659-5000
網頁：https://www.grandecentrepointploenchit.com/
基本房種及面積：2-Bedroom Suite 980sqF $14xx

短評：幾家朋友同遊曼谷，又想住2/3-Bedroom的話，這間酒店就是perfect match。房價相當廉宜，2房Suite每晚只售$14xx，還設有洗衣機，可以隨時洗衫。最吸引的是酒店頂樓就是有spa界「勞斯萊斯」的Rarin Jinda Spa，骨精們可以享受一下了！3分鐘就到BTS站，極之方便。

The Athenee Hotel

地址：61 Wireless Road (Witthayu), Lumpini　**電話**：02-650-8800
網頁：http://www.starwoodhotels.com/lemeridien/property/overview/index.html?propertyID=1846
基本房種及面積：Athenee Rm 409sqF

短評：距離BTS站只是4分鐘腳程，出入方便。酒店設有知名的Spa Athenee，喜歡享受放鬆身心的朋友，值得一試。餐飲無甚驚喜，建議外出用膳。

Oriental Residence Bangkok

地址：110 Wireless Road, Lumpini, Pathumwan　**電話**：02-125-9000
網頁：http://www.oriental-residence.com/
基本房種及面積：1 Bedroom Suite 755sqF $12xx

短評：位置有點吊腳，離BTS站差不多7分鐘，遇上下雨天就有點狼狽。不過勝在房間夠大，有1/2/3-Bedroom選擇，1睡房房價約$12xx，兩三pair朋友住在一起也沒問題。雖說2 Bedroom每房有獨立手間，但兩者裝修有分別，一間豪華，一間簡約。若同行朋友介意，應另選別間。

Conrad Bangkok Residences

地址：87 Wireless Road Phatumwan　　**電話：**02-690-9999
網頁：http://conradhotels3.hilton.com/en/hotels/thailand/conrad-bangkok-residences-BKKRECI/
index.html
基本房種及面積：One King Bedroom Suite 581sqF
短評：房間諾大，有mini kitchen可以煮東西吃。不過酒店位置離開BTS站有點遠，要徒步約4分
鐘，不好腳程的朋友要留意。

Novotel Bangkok Ploenchit Sukhumvit

地址：566 Ploenchit Road, Lumpimi　　**電話：**02-305-6000
網頁：http://www.novotel.com/gb/hotel-7176-novotel-bangkok-ploenchit-sukhumvit/index.shtml
基本房種及面積：Superior Rm 301sqF
短評：位置超級方便，酒店一出便是BTS Phloenchit站。房間簡約整潔，設施基本，十分適合早
出晚歸，對酒店要求不高的的遊客。

Hansar Bangkok Hotel

地址：3 Soi Mahadlekluang 2, Rajdamri Road　　**電話：**02-209-1234
網頁：http://www.hansarhotels.com/hotels/bangkok/
基本房種及面積：Studio Suite $12xx
短評：位置一般，但勝在房間裝修形格，房價不貴。對於一眾往四面神朝拜的善信，這酒店可以
考慮一下。

Chitlom
Siam
Silom
Saphan Taksin
Nana
Asok
Phrom Phong

曼谷人氣酒店巡禮

Siam Kempinski Hotel Bangkok

地址：991/ 9 Rama 1 Road, Bangkok　電話：02-162-9000
網頁：www.kempinski.com/en/bangkok/siam-hotel/
基本房種及面積：Deluxe Room 452sqF
短評：重享受及重購物的朋友，首選Kempinski。房間諾大，服務一流。想享受多一點，可選Pool access房，屬曼谷市區中難得的房種。

Arnoma Grand

地址：99 Raichadamri Road,Pathumwan
電話：02-655-5555
網頁：http://www.arnoma.com/
基本房種及面積：Superior Rm 301sqF
短評：酒店就在港人最愛的超市Big C旁邊，對面就是Central World，行過少少就是吃海南雞飯馳名的水門街，位置超然！

Novotel Bangkok On Siam Square

地址：392-44 Siam Square Soi 6 Rama
電話：02-209-8888
網頁：http://www.novotelbkk.com/
基本房種及面積：Superior Rm 323sqF
短評：房間裝修跟同系的酒店相當相似，簡單整潔。位置方面，其實就在Siam Square之內，食買玩樣樣方便，更鄰近BTS站，出入無問題。

Pathumwan Princess Hotel

地址： 444 MBK Center, Phayathai Rd., Wangmai
電話： 02-216-3700
網頁： http://www.pprincess.com/
基本房種及面積： Superior Rm 366sqF
短評：酒店本身比較舊，房間雖重新裝修過，但硬件設施及佈局就顯得較老土。勝在位於MBK旁邊，購物和搵食絕對無難度。

Hua Chang Heritage Hotel Bangkok

地址： 400 Phayathai Road, Pathumwan
電話： 02-217-0777
網頁： http://www.huachangheritagehotel.com/
基本房種及面積： Premier Deluxe 430sqF $12xx
短評：位置較偏離BTS站，不過酒店裝修走cozy路線，房間頗大。泳池雖細，但勝在環境優雅，旨在休息的話實在不俗。

Mercure Bangkok Siam

地址： 927 Rama 1 Road, Wangmai, Pathumwan
電話： 02-659-2888
網頁： http://www.mercure.com/gb/hotel-8015-mercure-bangkok-siam/index.shtml
基本房種及面積： Superior Room 269sqF
短評：另一間極近BTS站的酒店，交通極便利，酒店門前有篤篤聚集，出入方便。房間裝修簡約但型格，價錢不貴。對面就是MBK，食買玩無問題。

Chitlom
Siam
Silom
Saphan Taksin
Nana
Asok
Phrom Phong

Chitlom

Siam

Silom

Saphan Taksin

Nana

Asok

Phrom Phong

曼谷人氣酒店巡禮

Crowne Plaza Bangkok Lumpini Park

地址： 952 Rama Iv Road Suriyawongse
電話： 02-632-9000
網頁： http://bangkoklumpinipark.crowneplaza.com/
基本房種及面積： Superior Rm 366sqF
短評：位置優越，就在BTS Sala Daeng站及MRT Si Lom站交界位，出入方便。而且就近Silom夜市，購物或夜消遣都相當不俗。

Amara Bangkok Hotel

地址： 180/1 Surawong Road , Sipraya, Silom
電話： 02-021-8888
網頁： https://bangkok.amarahotels.com
基本房種及面積： Executive Room 291 sqF
短評：位置算不上就腳，行去最近的BTS站要約5分鐘腳程。但勝在天台有個小小的infinity pool。
整體上酒店走簡約路線，反而Club Room Type的洗手間有落地玻璃，有點驚喜。

Siri Sathorn

地址：27 Soi Saladaeng 1, Silom Road　　**電話**：02-266-2345
網頁：http://www.sirisathorn.com/
基本房種及面積：Junior Suite 592sqF；1B RM Suite 700sqF
短評：房間裝修似office，不過勝在價錢夠便宜。1房Suite連open kitchen只收\$8XX/晚，酒店附近有人氣意大利餐廳Zanotti和著名泰菜餐廳Naj。而BNH醫院亦就在附近，特意去做身體檢查的朋友可考慮這間酒店。

SO/ Bangkok

地址：2 North Sathorn Road, Bangrak　　**電話**：02-624-0000
網頁：http://www.so-bangkok.com
基本房種及面積：SO Cosy 409sqF
短評：酒店在MRT Lumphini站對面，相當就腳。天台還有人氣天台餐廳Park Society，喜歡飲返杯的朋友就最適合。

Chitlom
Siam
Silom
Saphan Taksin
Nana
Asok
Phrom Phong

Chitlom

Siam

Silom

Saphan
Taksin

Nana

Asok

Phrom
Phong

曼谷人氣酒店巡禮

The Sukhothai Bangkok

地址：13/3 South Sathorn Road　**電話**：02-344-8888
網頁：http://www.sukhothai.com
基本房種及面積：Deluxe Studio 484sqF
短評：另一間老牌5星酒店，餐飲做得非常出色，環境優雅。唯一要挑剔的是裝修比較傳統，偏愛新裝修風格的朋友要留意一下。

AETAS lumpini

地址：1030/4 Rama 4 Road Tungmahamek, Sathorn　**電話**：02-618-9555
網頁：http://lumpini.aetashotels.com/
基本房種及面積：Deluxe Rm 452sqF
短評：疫情期間全線酒店暫停營業，暫未有重新營業之公告，但物業仍在。

Banyan Tree Bangkok

地址：21/100 South Sathon Road　**電話**：02-679-1200
網頁：http://www.banyantree.com/en/ap-thailand-bangkok
基本房種及面積：Oasis Retreat 474sqF
短評：酒店最出名的是Banyan Tree Spa，還有著名的天台餐廳Vertigo。房間裝修典雅，充滿泰式風情。房價中上，但絕對物超所值。

COMO Metropolitan

地址：27 South Sathorn Road, Tungmahamek　**電話：**02-625-3333
網頁：http://www.comohotels.com/metropolitanbangkok
基本房種及面積：Metropolitan Room 581sqF
短評：論位置絕對稱不上就腳，但其餐廳Namh卻是人氣高企！房間裝修型格，對酒店格局有要求的朋友就最適合不過。

Sathorn Vista, Bangkok
- Marriott Executive Apartments

地址：1 Sathorn Soi 3, South Sathorn Road, Tungmahamek,　**電話：**02-343-6789
網頁：http://www.marriott.com/hotels/travel/bkkea-sathorn-vista-bangkok-marriott-executive-apartments/
基本房種及面積：1 Bed Rm Executive Suite 807sqF
短評：賣點不是酒店位置，而是以接近$1,000的價錢，可以享受到807平方呎的諾大房間，還有小廚房和餐桌，認真抵住！

Somerset Park Suanplu Bangkok

地址：39 Soi Suanplu, South Sathorn Road　**電話：**02-679-4444
網頁：http://www.somerset.com/en/thailand/bangkok/somerset-park-suanplu-bangkok/index.html
基本房種及面積：Executive Room, 2 Bedrooms 1292sqF, $10xx
短評：這酒店主打家庭客，2睡房連大型廚房都只是收$1,0xx/晚，絕對抵住。當然，位置比較吊腳是其中一個要考慮的因素！

Chitlom
Siam
Silom
Saphan Taksin
Nana
Asok
Phrom Phong

曼谷人氣酒店巡禮

Ascott Sathorn Bangkok

地址：187 South Sathorn Road, Yanawa Sathorn　　**電話**：02-676-6868
網頁：http://www.the-ascott.com/en/thailand/bangkok/ascott-sathorn-bangkok/index.html
基本房種及面積：Executive 1 Bedroom 807sqF $9xx
短評：位置不俗，轉個彎就是BTS Chong Nonsi站。附近是商業大樓群，購物稍欠方便。惟房間設有open kitchen，方便煮兩味，而泳池亦相當闊落，可算是補充一下賣點。

JC Kevin Sathon Bangkok

地址：36 Narathiwat Ratchanakarin Rd, Yan Nawa,　　**電話**：02-210-9000
網頁：http://jckevin.com/
基本房種及面積：1 BedRm Suite 689sqF $7xx
短評：前身為Anantara Sathorn；針無兩頭利，位置離車站遠的話，就要有其他優越配套補償。$7xx就有1 Bedroom Suite，還有長長的泳池，還有甚麼好要求？

W Bangkok

地址：106 North Sathorn Road, Silom　　**電話**：02-344-4000
網頁：http://www.whotelbangkok.com/
基本房種及面積：Wonderful Room 441sqF
短評：裝修型格，充滿驚喜，絕對是愛新鮮事物的朋友入住。酒店就近BTS Chong Nonsi站，出入方便。

Pullman Bangkok Hotel G

地址：188 Silom Road Bangrak　電話：02-352-4000
網頁：http://www.pullmanbangkokhotelg.com/
基本房種及面積：Deluxe 366sqF
短評：位置稍遜，距離BTS Chong Nonsi站腳程約5分鐘。房間行簡約風格，以白色做主調。比較有趣的是泳池是有蓋露天的，而頂樓亦有半開放式天台餐廳，值得一試。

Mode Sathorn Hotel

地址：144 North Sathorn Road, Silom　電話：02-623-4555
網頁：http://www.modesathorn.com/
基本房種及面積：Deluxe Rm 323sqF
短評：房間雖細，但勝在位於BTS Surasak站前面，出入極方便。房間亦是以白色做主調，風格簡約。而天台亦設酒吧，愛喝兩杯的朋友不妨試住。

Eastin Grand Hotel Sathorn

地址：33/1 South Sathorn Road Yannawa　電話：02-210-8100
網頁：http://www.eastinhotelsresidences.com/en/eastingrandsathornbangkok/default.html
基本房種及面積：Superior Rm 344sqF
短評：酒店同樣位於BTS Surasak站前面，方便程度無容置疑。房間裝修普通，但泳池卻頗長，而且是無邊際式設計，相當吸引。

Chitlom
Siam
Silom
Saphan Taksin
Nana
Asok
Phrom Phong

Chitlom

Siam

Silom

Saphan
Taksin

Nana

Asok

Phrom
Phong

曼谷人氣酒店巡禮

Centre Point Silom

地址：1522/2 Soi Kaysorn 1 (Charoenkrung 50), Charoengkrung Road　　**電話**：02-630-6345
網頁：http://www.centrepoint.com/centrepoint-group/silom/
基本房種及面積：Deluxe Rm 484sqF
短評：步行3分鐘左右就到BTS Saphan Taksin站，而且就近碼頭，如行程多往大皇宮及Asiat-ique一帶的話，住在這區相當方便。房間充滿現代泰式風情，還有一個露天泳池，相當優雅。

Shangri-La Hotel, Bangkok

地址：89 Soi Wat Suan Plu, New Road　　**電話**：02-236-7777
網頁：http://www.shangri-la.com/bangkok/shangrila/about/
基本房種及面積：Deluxe Rm 388sqF
短評：正宗名牌，不用多介紹，餐飲住宿服務俱一流。河景房間遙望湄公河，相當優美。不過酒店泳池顯得比較細。

lebua at State Tower

地址：1055 State Tower, Silom　　**電話**：02-624-9999
網頁：http://www.lebua.com/state-tower
基本房種及面積：Superior 710sqF
短評：想當年的全曼谷最高天台餐廳，就在State Tower，雖則排名不再，但其房間卻十分大，有客廳有mini kitchen，住得相當舒服。

Mandarin Oriental, Bangkok

地址：48 Oriental Avenue, Bangkok　　電話：02-659-9000
網頁：http://www.mandarinoriental.com.hk/bangkok/
基本房種及面積：Superior RM 428sqF
短評：名氣極大，湄公河河景盡收眼底。雖說酒店離開大馬路有一段腳程，但酒店貼心地安排私家小船接送客人至BTS Saphan Taksin站的公眾碼頭，交通接駁無問題！

The Peninsula Bangkok

地址：333 Charoennakorn Road, Klongsan　　電話：02-020-2888
網頁：http://bangkok.peninsula.com/en/default
基本房種及面積：Deluxe Rm 463sqF
短評：半島差不多是曼谷最頂級的酒店，雖位於湄公河的對岸，但同樣有私家小船接送客人往返BTS Saphan Taksin站公眾碼頭。

Novotel Bangkok Silom Road

地址：320 Silom Road, Bang Rak　　電話：02-206-9100
網頁：https://www.novotelbangkoksilom.com
基本房種及面積：Deluxe Rm 3238sqF
短評：無論位置、房間面積、設施等等，編輯部都找不到一個理由向大家強烈推介，那就甚麼還要在這裡列出呢？因為平囉！$4xx一晚，有泳池，房間乾淨，想慳到底的話就挑這間吧！

Chitlom

Siam

Silom

Saphan Taksin

Nana

Asok

Phrom Phong

Chitlom

Siam

Silom

Saphan Taksin

Nana

Asok

Phrom Phong

曼谷人氣酒店巡禮

JW Marriott Hotel Bangkok

地址：4 Sukhumvit Road Soi 2
電話：02-6567-700
網頁：http://www.marriott.com/hotels/travel/bkkdt-jw-marriott-hotel-bangkok/
基本房種及面積：Deluxe Rm 355sqF
短評：位置的確有點尷尬，剛座落在兩個BTS站中間。勝在裝修骨子，泳池算是有點私隱。若有其他選擇，please go ahead！

Ambassador Bangkok Hotel

地址：171 Soi 11 Sukhumvit Road
電話：02-254-0444
網頁：http://www.amtel.co.th/
基本房種及面積：Superior 377sqF
短評：房間尚算閣落，往BTS Nana站都只是3分鐘腳程左右，可以接受。酒店內有小商場，亦有乾衣店，算是方便。雖説近年新裝修，不過始終屬舊酒店，不能要求太多。

Grand President Bangkok

地址：14, 16 Sukhumvit Soi 11,　　電話：02-651-0471
網頁：http://www.grandpresident.com/
基本房種及面積：Deluxe Room 344sqF
短評：與Ambassador為鄰，出入BTS站尚算方便。酒店最近全新裝修，房間設計算是有點型格格風。其中的Deluxe Suite更有mini kitchen及客廳，相當不俗。

Aloft Bangkok Sukhumvit 11

地址：35 Sukhumvit Soi 11, Sukhumvit Road　　電話：02-207-7000
網頁：http://www.aloftbangkoksukhumvit11.com/
基本房種及面積：Stylish Suite 667sqF
短評：位置較遠，惟房間的開揚風是其中一個賣點。顏色配搭別具心思，暖色系的安排，讓客人住得舒適。

Sofitel Bangkok Sukhumvit

地址：189 Sukhumvit Road Soi 13-15, Klongtoey Nua　　電話：02-126-9999
網頁：http://www.sofitel.com/gb/hotel-5213-sofitel-bangkok-sukhumvit/index.shtml
基本房種及面積：Luxury Rm 398sqF
短評：酒店位處於大路之上，離BTS Nana站約5分鐘腳程，出入尚算方便。酒店頂樓是出名的人氣法菜天台餐廳L'Appart，浪漫非常。酒店的泳池亦相當大，游得自在，絕不侷促。

Chitlom
Siam
Silom
Saphan Taksin
Nana
Asok
Phrom Phong

Chitlom
Siam
Silom
Saphan Taksin
Nana
Asok
Phrom Phong

曼谷人氣酒店巡禮

Four Points by Sheraton Bangkok, Sukhumvit 15

地址：4 Sukhumvit Soi 15, Bangkok　　**電話**：02-309-3000
網頁：http://www.fourpointsbangkoksukhumvit.com/
基本房種及面積：Premium Rm 409sqF, Pool Side Rooftop bar
短評：徒步4分鐘就到Terminal 21，行街shopping都算方便。酒店有無邊際泳池，而且酒店有免費篤篤做駁腳，算是賣點之一。

Dream Bangkok

地址：10 Sukhumvit Soi 15　　**電話**：02-254-8500
網頁：http://www.dreamhotels.com/bangkok/default-en.html
基本房種及面積：Premier Rm 323sqF
短評：酒店主打型格裝修，房間的燈光安排相當前衛，據稱藍光是有安寧的作用。不過距離大路有點遠，而且泳池亦比較細，選酒店前要留意一下。不過酒店有免費篤篤做駁腳，算是一點補償。

Movenpick Hotel Sukhumvit 15 Bangkok

地址：47 Sukhumvit 15, Klongtoey, Sukhumvit　　**電話**：02-119-3100
網頁：http://www.movenpick.com/en/asia/thailand/bangkok/bangkok/overview/
基本房種及面積：Superior Rm 323sqF
短評：位置上不算理想，比Dream Bangkok離開大路更遠，出入要靠酒店24小時提供的免費篤篤往返BTS站。要談到賣點，只能夠說夠房租頗便宜。

Grand Mercure Bangkok Asoke Residence

地址：50/5 Sukhumvit Soi 19, Wattana　電話：02-207-3333
網頁：http://www.mercure.com/gb/hotel-6162-grand-mercure-bangkok-asoke-residence/room.shtml
基本房種及面積：Executive Suite 1,033sqF $9xx
短評：離開大路約6分鐘腳程，不算近也不算遠。賣點除了房間夠大，房租卻相當便宜(過千尺的
Executive Suite每晚約$9xx)。另一方面，酒店旁就是港人極愛的按摩店 Health Land，骨精門
可以每天按摩過日晨！

The Westin Grande Sukhumvit, Bangkok

地址：259 Sukhumvit 19, Sukhumvit Road　電話：02-207-8000
網頁：http://www.westingrandesukhumvit.com/
基本房種及面積：Deluxe rm 452sqF, Rooftop Bar ZEST BAR & TERRACE
短評：房間裝修無甚驚喜，乾乾淨淨，不要有大寄望。泳池算大，還有天台酒吧餐廳，愛喝兩杯
的朋友就最合適。鄰近Terminal 21及BTS Asok站，出入方便。

Sheraton Grande Sukhumvit,
Luxury Collection Hotel, Bangkok

地址：250 Sukhumvit Road, Bangkok　電話：02-649-8888
網頁：http://www.sheratongrandesukhumvit.com/
基本房種及面積：Premier Rm 484sqF
短評：位置不俗，對面就是Terminal 21，旁邊是Times Square，購物娛樂無難度。泳池以傳統
泰式園林設計，稍見老士。

Chitlom
Siam
Silom
Saphan Taksin
Nana
Asok
Phrom Phong

Chitlom

Siam

Silom

Saphan Taksin

Nana

Asok

Phrom Phong

曼谷人氣酒店巡禮

Grande Centre Point Hotel Terminal 21

地址：2, 88 Sukhumvit Soi 19 (Wattana), Sukhumvit Rd.　　**電話**：02-681-9000

網頁：http://www.grandecentrepointterminal21.com/　　**基本房種及面積**：Superior Rm 344sqF

短評：酒店座落在Terminal 21內，食買玩一應俱全。房間雖細，但亦設有mini kitchen，相當貼心。而樓下更有Let's Relax按摩店的旗艦店，保證你有一個愉快輕鬆的假期。

Pullman Bangkok Grande Sukhumvit

地址：30 Sukhumvit 21 (asoke) Road, Klongtoey Nua　　**電話**：02-204-4000

網頁：http://www.pullmanhotels.com/gb/hotel-A096-pullman-bangkok-grande-sukhumvit-asoke/index.shtml

基本房種及面積：Deluxe 409sqF

短評：不消幾分鐘腳程就到MRT Sukhumvit站，出入方便。房間裝修簡單，泳池也只是一般，無甚驚喜。除非對Pullman管理的酒店有偏愛，否則可選其他酒店。

The Continent Bangkok by Compass Hospitality

地址：413 Sukhumvit Road Klongtoey Nua, Wattana　　**電話**：02-686-7000

網頁：http://www.thecontinenthotel.com/　　**基本房種及面積**：Premier Rm 301sqF

短評：房間裝修尚算有點品味，而泳池亦屬無邊際設計，屬賣點之一。至於位置，走上天橋花三數分鐘腳程就到BTS Asok站，可接受。

Holiday Inn Bangkok Sukhumvit

地址：1 Sukhumvit 22　**電話**：02-683-4888
網頁：https://www.ihg.com/holidayinn/hotels/us/en/bangkok/bkkhi/hoteldetail
基本房種及面積：Deluxe Rm 301sqF
短評：幾分鐘腳程就到BTS Phrom Phong站，尚算方便，房簡整潔。特別一提，酒店有室內的
小童泳池，而室外亦有成人版的滑水梯。不過泳池旁就酒吧，不喜歡的朋友要留意。

S31 Sukhumvit Hotel

地址：545 Sukhumvit 31 Klongtoey Nua, Wattana　**電話**：02-260-1111
網頁：http://s31hotel.com/
基本房種及面積：Deluxe 323sqF
短評：雖然就近BTS站，但酒店仍主動提供免費篤篤做駁腳，值得一讚。泳池更比較特別，池水
是人工咸水，讓客人有置身於大海的感覺。房間裝修整潔，相當cozy。

Emporium Suites by Chatrium

地址：622 Sukhumvit Soi 24　**電話**：02-664-9999
網頁：http://www.chatrium.com/chatrium_emporium/default-en.html
基本房種及面積：Deluxe Studio 700sqF
短評：酒店本身就座落在Emporium Tower，樓下就是Emporium百貨，對就是曼谷巨無霸商場
EmQuartier及BTS Phrom Phong站，食買玩行超級便捷。

Chitlom
Siam
Silom
Saphan Taksin
Nana
Asok
Phrom Phong

Chitlom
Siam
Silom
Saphan Taksin
Nana
Asok
Phrom Phong

曼谷人氣酒店巡禮

Oakwood Residence Sukhumvit 24, Bangkok

地址：15 Sukhumvit Soi 24, Klongtoey　電話：02-612-5777
網頁：http://www.oakwoodasia.com/bangkok/oakwood-sukhumvit-24.php
基本房種及面積：Deluxe Studio 312sqF
短評：潛藏在Soi 24的頭段，出入尚算方便，有Emporium及EmQuartier食買玩絕對無問題。房間面積偏小，不過勝在位置極佳，只求宿一宵的朋友是不錯的選擇。

Skyview Hotel

地址：12 Sukhumvit 24, Klongton, Klongtoey　電話：02-011-1111
網頁：https://skyviewhotel.com/
基本房種及面積：Grand Executive 377sqF
短評：倚傍著Emporium，食買玩和交通都相當好。房間裝修有點小清新的感覺，而35/F的天台亦有天台酒吧Vannila Sky和餐廳，景緻不俗，不妨一試。

DoubleTree by Hilton Sukhumvit Bangkok

地址：18/1 Sukhumvit Soi 26 Klongtoey, Klongtan　電話：02-649-6666
網頁：http://doubletree3.hilton.com/en/hotels/thailand/doubletree-by-hilton-hotel-sukhumvit-bangkok-BKKSSDI/index.html
基本房種及面積：Superior 344sqF
短評：泳池是有點小田園風，環境優美，但面積稍細。房間裝修反而走行政路線，一冷一熱。酒店位於Soi Ari，這裡有許多日本人開的餐廳及小店，頗具特色。

曼谷暢錢攻略

　　去旅行必要解決的當然是暢錢問題啦！不過，無論到哪個國家，都不太建議大家在香港的銀行或機場兌換店，就把所有旅費都暢掉，因為這兩個地方的兌換率可是最唔抵的！想知哪裡最抵？就要留意以下地方啦！大家可以先在港換定首一、兩天的旅費備用，然後再帶定港幣到曼谷市區暢錢，這才是最划算的方法。

1 香港兌換店

　　香港兌換泰銖的匯率，比起在泰國境內兌換，相差約2-4%。當然，金額少就算不上甚麼，但約幾夥朋友一起兌換，就可以相差很遠。小編建議先在香港兌換約HK$500左右的泰銖，以便到埗後購買電話卡、小吃及往酒店的士的車費即可。

2 曼谷機場機鐵站 (B1/F)

　　在BKK機場機鐵站(B1/F)居然有6間兌換店，有橙色Superrich(營業至11pm)， 有Value+及Happy Rich（營業至11:30pm），匯率各自相差約1%-0.5%，如遇上夜機到埗，就不要為了幾十銖留待翌日才去某某地方兌換。

Value+ : www.valueplusexchange.com /
Happy Rich : www.facebook.com/pages/
HAPPY-RICH-MONEY-Ex-
change/1665236483716548

3 唐人街金舖

有不少旅客說唐人街的金舖也能兌換貨幣，而且匯率也不錯。不過，來到唐人街去了很多金舖卻說沒有 Exchange，後來發現原來要店門前有寫上 Exchange 字樣的金舖才有提供兌換服務。經試驗後，發現金舖的匯率並不比 Super Rich 及合記好，僅比銀行好些少，但有提供服務的金舖卻不多，不算方便，大家可自行斟酌。

4 P&P Jewellery
@ Siam Paragon

網頁：www.ppparagon.com

很出奇地，在 Siam Paragon 的商店群中，有這麼一家珠寶店，居然兼做「暢錢」這門生意。匯率方面，跟 Super Rich 差不多，跟得十分貼。若大家在 Siam 區出入的話，可以去 Siam Paragon 1/F 136號店探個頭看看。

5 曼谷當地各銀行的提款機 (atm)

如遇上心頭好，買到乾塘，最直接的方法就是去 ATM「撳錢」。匯率極差，銀行還要收取每單約 HK$40 的服務費（各家不同）。但無奈的是鬼叫你要買！緊記，離港前必需要在香港的櫃員機啟動提款卡的海外提款功能！

6 Super Rich

在曼谷市內很多地方都可以看到Super Rich專櫃，它是一間當地合法的兌換店，不過店本身就有綠色標誌與橙色標誌之分，據說綠標的Super Rich匯率較好，當中尤以水門街本店（鄰近Big C Supermarket）的最為抵換；而橙色的話，暫時似乎只有Central Embassy內的專櫃比較追得上本店的匯率。建議如要換得多錢的朋友，可以用app查看即時匯率。

App: SuperRich (iOS, Android)

Super Rich International Exchange (1965)

必需提醒，跟據觀察及網友  報料，只有水門街的總店，才會提供跟其官方網頁相同的匯率，其餘分店的匯率會比較差約2-3%。所以對於十分執著，一個仙都不能少的讀者，就要去總店走趟。　網頁：www.superrich.co.th

Superrich Thailand

SUPERRICH THAILAND
THAILAND BEST RATE

綠色Superrich到底跟橙色Super Rich有甚麼關係，這裡不作深究。但一定要講出，Big C後方那家總店逢星期日休息，相反橙色Super Rich星期日則照常營業。匯率方面，官網的顯示的匯率跟橙色Super Rich一樣。

網頁：www.superrichthailand.com

暢錢流程

1) 找兌換店及看匯率可以先上網格價才決定是否兌換。

2) 提供護照正本作實還要預備填寫酒店名稱，出門前最好唸熟。

3) 點算清楚即可。

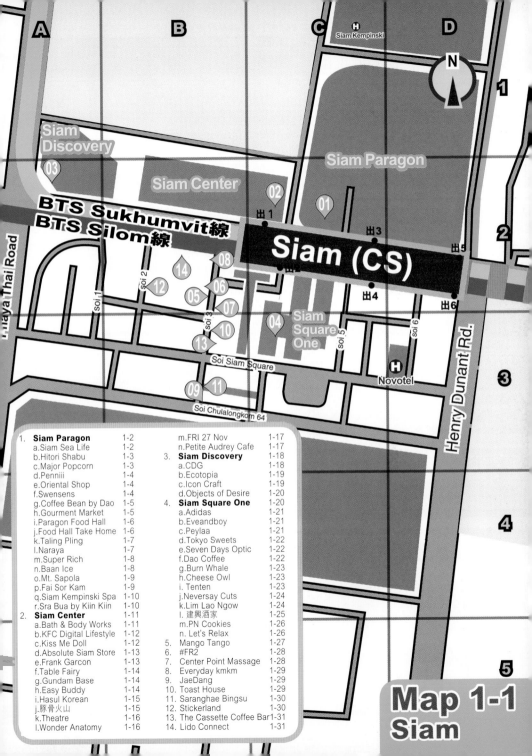

Map 1-1
Siam

Siam

Chitlom

Ploenchit

Asok

PhromPhong

ThongLor

Ekkamai

Udom Suk

Victory Monument

Mo Chit

依然有人氣 **MAP 1-1/C2** **01**

Siam Paragon

🚗 BTS Siam站3號或5號出口直達。

與Emporium同屬一個集團的Siam Paragon，曾是東南亞最大的百貨商場，佔地500,000平方米，接近八百間名店。雖然今時今日「最大」這個紀錄已被打破，不過仍是全城人流最旺的商場之一。中央地帶為百貨公司，外圍則是國際高級名牌時裝店、名車店及各式品牌店。

INFO
地址：991 Rama 1 Road, Pathumwan
電話：02-610-8000
營業時間：10am-10pm
網頁：www.siamparagon.co.th

重新命名兼加料

Siam Sea Life **1a**

INFO
地址：B1-B2/F
電話：02-687-2000
營業時間：10am-9pm（最後入場時間為8pm）
收費：成人門票990銖；3-11歲小童790銖（如在網上訂購有9折優惠）
網頁：www.sealifebangkok.com

曼谷的Siam Sea Life是東南亞區最大的室內水族館，內裡有個透明玻璃的行人小橋，橋下有很多鯊魚游來游去；也有在南極運來的小企鵝，遊人可透過玻璃觀賞牠們。

此外，可乘坐自費的玻璃艇在水族館水池繞場一匝，透過玻璃艇欣賞海底生態，每日也有潛水人員潛落水底餵魚，更可以自費玩Sea Walker（即戴著氧氣筒爬梯落深海位置進行海底漫步），會有鯊魚及各種魚類在身旁經過。

家謙式火焗

Hitori Shabu 1b

泰國近來興起「家謙式火焗」——即是一個人都可以盡與。這些一人火焗店越開越多,不過菜式要靠近日式的,就要算這間。這裡有兩個煮法供應——要麼Shabu Shabu,要麼用鐵鍋燒肉。最基本抵食的黑毛和牛Set都只是580銖;最高級的座布團A5和牛set也只是1,390銖。除了牛肉和豬肉外,也有海鮮套餐,真正盡興。

INFO
地址:G/F
電話:099-445-6645
營業時間:10am-10pm
網頁:www.facebook.com/hitorishabu

熱賣水貨爆谷桶

Major Popcorn @ Cineplex 1c

Major是泰國兩大電影院線之一,每逢看電影,少不免要點一客大爆谷邊看邊吃。Major就看中了這一點,索性大做特做!每逢有大片上畫,就會專誠做些電影相關的爆谷桶,連同爆谷餐一同發售。據聞昔日有朋友看中商機,買了好些爆谷桶回港轉售,是否圖利就不得而知了。當然,如果遇上心愛的電影角色出品爆谷桶,買一個留念也是美事。

INFO 地址:G/F (Food Court後方)

堂食爆谷
Pennii `1d`

上文提到戲院爆谷，味道款式其實來來去去只有焦糖或咸味。但Pennii則提供多款不同味道的爆谷，而且提供堂食！除了爆谷之外，還提供其他小食，真正讓你慢慢享受嘆爆谷的樂趣。

INFO
地址：G/F @ Gourmet Garden
時間：10am-10pm
網址：IG : penniipopcorncafe

重新裝修
Oriental Shop `1e`

文華東方的餅店在Siam Paragon內原本有兩間，現在只剩一間，而最吸引客人便是其afternoon tea set，935銖，糕餅造型特別及繁多，質素不容置疑，因為是來自鼎鼎大名的文華東方餅店，所邀請的餅廚相信來頭不小。

INFO
地址：G/F
電話：02-610-9845
營業時間：10am-8pm
網頁：www.mandarinoriental.com/bangkok/
　　　fine-dining/the-mandarin-oriental-shop

坐低食杯靚雪糕
Swensens `1f`

Swensens在曼谷開到成行成市，不過其中一間裝修比較有趣的就在Paragon開業。這裡有一列bar枱式的坐位，望到店員畢雪糕之餘，景觀也算開揚，也吃得暢快。

INFO
地址：G/F @ Food Hall　　電話：063-203-3166
時間：10am-10pm

永遠要等

Coffee Bean by Dao

這店以西餅起家，繼而發展成餐廳，在曼谷已有多間分店，數這店最好生意，日日可以見到一大堆人在排隊等位。餐廳品牌由最初只提供糕點，漸漸發展到其他款式食物。餐廳內所賣的也不只是咖啡、蛋糕那麼簡單，也有新派泰菜、西餐及意粉等供應。

INFO
地址：G/F 電話：02-610-9702
營業時間：10am-8pm
(7:30pm L.O.)
網頁：www.coffeebeans.co.th

也都有超市

Gourmet Market

這裡可以算得上一應俱全，當你購買海鮮肉類時，超市可以免費幫你蒸熟，店員甚至還會細心地幫忙剝開蒸熟的蟹，把蟹箝拆肉，讓你可以即買即吃。

此外，超市裡亦有小型寵物用品的專區，愛狗人士可在這裡有所收穫。值得一提是，其實在這個超市購買芒果，如果客人想打包帶回香港，只需付大約20至35銖，在入口處的櫃枱就有專人負責封箱，讓你整箱托運上機，十分方便。

INFO
地址：G/F
電話：02-690-1000
營業時間：10am-8pm
網頁：www.gourmetmarketthailand.com

Siam
Chitlom
Ploenchit
Asok
PhromPhong
ThongLor
Ekkamai
Udom Suk
Victory Monument
Mo Chit

熒幕播放食物圖片

Paragon Food Hall 1i

以前 Siam Paragon 地下的 food court 最大的賣點是有大魚缸陪大家食飯，現在 food court 重新裝修後大魚缸被搬走了，取而代之是 Paragon Food Hall 高雅先進的環境。每個檔位一定會有英泰雙文對照，上面還有電視展示他們食物的圖片，告訴大家海南雞飯的模樣，讓大家知道食物的擺碟是怎樣，不用擔心點錯食物。

重新裝修所賣的食物有超過三十多款，可以說是一個蠻方便蠻大型的 Food Hall。

INFO
地址：Market Hall, G/F.
營業時間：10:00am-10:00pm

掃街小食天堂

Food Hall-Take Home 1j

Siam Paragon 地下幾乎全與食有關，除了 food court、餐廳、Food Hall 之外，更有一區叫做 Take Home，內裡有些檔口在賣不同的地道泰式小吃，如泰北香腸、芒果糯米飯、椰汁糕、炸豬皮等，是愛雜食人士必到之地。

INFO
地址：G/F
營業時間：10:00am-10:00pm

Siam

Chitlom

Ploenchit

Asok

PhromPhong

ThongLor

Ekkamai

UdomSuk

Victory Monument

Mo Chit

商場裡的炸蛋

Taling Pling

Siam Paragon 雖算是高級商場，但場內不乏平民級美食。Taling Pling 的出品，二百多銖一碟已有交易，家常泰菜全日供應，但最特別的是這道「炸蛋碎肉飯」，雞蛋炸得香脆，簡單得來又有特式。

INFO
地址：G/F　　電話：02-129-4353-4
營業時間：11am-10pm
網頁：http://talingpling.com

蝴蝶袋男裝版

Naraya 1l

蝴蝶袋（Naraya）在 Siam Paragon 附近雖然已有多間分店，但在這個商場內多了兩個系列店舖，一個是男裝店，店內有男裝的腰包、手袋等各式袋；

另一個是 Nara，乃 Naraya 高級女裝版本，商品的手工用料都跟其他的不同，細緻及豪華得多，價錢不算太貴，如你是 Naraya 的 fans 必定要一到朝聖，因為就連小朋友的廚房用品也有得賣，簡單男女老幼一網打盡。

INFO
地址：3/F
電話：02-610-9418
營業時間：10am-10pm
網頁：www.naraya.com

Siam
Chitlom
Ploenchit
Asok
PhromPhong
ThongLor
Ekkamai
Udom Suk
Victory Monument
Mo Chit

1k

Siam | Chitlom | Ploenchit | Asok | PhromPhong | ThongLor | Ekkamai | Udom Suk | Victory Monument | Mo Chit

血拼彈藥庫
Super Rich 1m

INFO
地址：3/F　　電話：02-054-4000
時間：11am-8pm

去到曼谷，其中一個必玩景點就是找換店。其實除非你兌上十幾廿萬港幣，否則即使兌換價相差幾個點子，也不會讓你蝕到傾家蕩產。不過就是那份「賺到盡」的心理，就讓大家愛上「尋找那家匯率最好的找換店」的遊戲。Paragon其實也是一個讓大家千金散盡的好地方，所以最好有一家找換店，讓大家來這裡補充一下彈藥。

商場內100% 地道泰南菜
Baan Ice 1n

INFO
地址：4/F
電話：02-129-4808
營業時間：11am-8pm
網頁：www.facebook.com/baanice.restaurants

餐廳的menu居然全部是泰文，一點英文也沒有，由此可見，絕對地道。

這裡最大的特色是食南部菜，南部菜味道偏辣，其中有款湯相當好味，是一款類似冬蔭功湯的椰汁蝦湯，加入腰果，味道濃郁，十分滋味。此外，還有一種南部特色的飯，飯本身不熱，飯旁加上一堆堆的椰肉、柚子肉、乾蝦、芽菜等，淋上檸檬汁，將飯拌勻來吃，相當滋味。他們用大大粒的蟹肉炒配菜也是獨家菜式，有興趣如果想食傳統南部菜的話可以來試一試。

香味手信店
Mt.Sapola 1o

　　這裡有香茅味的洗頭水、沐浴露、護髮素等等一系列日用品供選擇，定必是「吸蚊人」首選，因為香茅具有驅蚊作用。

　　除了供應女士專用品外，還有男性的沐浴露和面部護理產品，有些具有排毒功能。最新推出的口味是香茅加薑，全城獨家發售。另外，你可以在此買到香薰、空氣清新劑，用來作為一種另類的手信。

INFO
地址：4/F
營業時間：11am-8pm
網頁：www.mtsapola.com

清邁情懷中西食店
Fai Sor Kam 1p

　　這間餐廳以清邁菜為主可以算是一個經典，店址最初位於 Siam Discovery，現搬到 Siam Paragon 的 Food Passenger 地帶，位置更好，規模更大，頓時變成一間賣蠟燭、家品及兼有餐廳的店舖。不過，店主覺得單是清邁菜有點單調，於是還做了些東西合璧的菜式。認住門外的那對古代泰白獅子，在 Food Passage 數十家餐廳中，它贏得了不錯的聲譽。

INFO
地址：4/F
電話：02-610-9717
營業時間：11am-8pm
FB：Fai Sor Kam

Siam
Chitlom
Ploenchit
Asok
PhromPhong
ThongLor
Ekkamai
Udom Suk
Victory Monument
Mo Chit

Siam

Chitlom

Ploenchit

Asok

PhromPhong

ThongLor

Ekkamai

Udom Suk

Victory Monument

Mo Chit

可替你照顧小朋友去的Spa　　**MAP 1-1/C1**　**1q**

Siam Kempinski Spa

曼谷的 Siam Kempinski 酒店。內裡有全曼谷最大的酒店 kids club，Spa 客人可以把孩子送到 kids club 中被照顧，父母便可安心享受位處7樓的 Spa 服務！

設備方面，他們有6至7間 Treatment 房，部分有沖涼缸，環境頗為優雅。除了高級的 Treatment，這裡也有普通的泰式按摩等等，如果你住在酒店或想要一個較為寧靜舒適環境休息和浸浴的話，不妨來這間酒店做 Spa。

INFO
電話：02-162-9050
營業時間：10am-10pm
網頁：www.kempinski.
com/en/bangkok/
siam-hotel/
luxury-spa/

得獎分子料理米芝蓮大廚餐廳　　**1r**

Sra Bua by KIIN KIIN　　**MAP 1-1/C1**

在 Siam Kempinski 酒店內的 Sra Bua by Kiin Kiin 是一間十分著名的餐廳，其大廚係來自丹麥的米芝蓮大廚，這間餐廳雖然不打正招牌是做分子料理，但部分食物的造型及做法跟分子料理差不多。

🚗 通過Siam Paragon行到尾端，在M樓層有天橋連接去酒店。

午餐除了有 A La Carte 外，亦有一些3道菜的午餐，價錢是1,589銖；而晚上則有提供11道菜的晚餐，價錢是3,178銖。雖然菜式的份量較小，但吃完11道菜都夠飽的。由於是五星酒店，所以有 dress code，背心短褲拖鞋免問之外，6歲以下小童不能進入。

INFO
地址：Rama 1 Road 991/9
電話：02-162-9000
營業時間：12nn-3pm；6pm-12mn
網頁：www.srabuabykiinkiin.com

Siam

Chitlom

Ploenchit

Asok

PhromPhong

ThongLor

Ekkamai

Udom Suk

Victory Monument

Mo Chit

創意起源 **MAP 1-1/C2** 02

Siam Center

🚗 BTS Siam站1號出口直達。

Siam Center是曼谷的潮型集散地，經過裝修後，其門口、通道、接待處以及吊燈融入藝術感，似是進入酒店而不是商場，連保安的制服都是由Greyhound時裝品牌所設計，製作認真。場內有超過五百個LED屏幕，無論大家走到哪裡，都有視覺的享受，尤其是天花板的立體LED投射，營造出豪華感。

INFO
地址：Siam Center, Rama1 Road, Pathumwan
電話：02-658-1000　　　　營業時間：10am-10pm
網頁：www.siamcenter.co.th

香港還未有 **2a**

Bath & Body Works

一個來自美國的沐浴用品品牌，店舖佔地面積大，所售的沐浴用品味道分為男、女裝，價錢相當實惠，還有旅行套裝和handcream、空氣清新劑等等，種類繁多，味道亦有很多選擇。

不少網友都說在美國用過感覺很好，現在香港還未有分店，所以會來泰國大量搜購。

INFO
地址：M/F
電話：02-252-5800

上校的新衣
KFC Digital Lifestyle

2b

家鄉雞大家吃得多，但家鄉雞時裝你又見過未？由食品進軍時裝界，在泰國的例子真是多的是，而且多數玩味十足。討厭「被撞衫」的潮友，今趟可以來這裡點一套「雞餐衫」，回港穿上去街極高機會被潮流雜誌記者截停拍照。當然，不買衫的話，都可以在這裡點個雞餐填肚。提提你，這間以Digital Lifestyle為題的店，全店cashless！要用信用卡付款喔！

INFO
地址：G/F

絲巾之都
Kiss Me Doll

2c

光看名字，絕對想不出是賣絲巾的潮店。更甚的是，他們經常跟日本各大動漫crossover，例如多拉A夢、Hello Kitty等等，無論圖案或款式都相當入型入格，送禮自奉兩相宜。

INFO
地址：M/F
網站：IG：kissmedoll

絲巾之都
Absolute Siam Store
2d

INFO 地址：1/F

　　泰國有許多型潮的時裝品牌，大家如果要四周去找，實在費時失事。此店就將十數個泰國時裝品牌集中一店，方便之餘，更推出店內限定，連自家品牌專店都未必有售，喜歡泰潮的你這站就不要錯過啦。

上校的新衣
Frank Garcon
2e

　　Frank在Siam Sqaure賣得意貼紙而出名，如今經到Siam Center來！店內的東西基本上都是無無聊聊，但又相當逗趣，價錢不貴。除了貼紙外，還有許多中文crossover泰文的Tee及daily accessories。為日常生活增添趣味，何樂而不為呢？

INFO 地址：1/F
網站：IG：frank_garcon

Siam
Chitlom
Ploenchit
Asok
PhromPhong
ThongLor
Ekkamai
Udom Suk
Victory Monument
Mo Chit

Chitlom
Ploenchit
Asok
PhromPhong
ThongLor
Ekkamai
Udom Suk
Victory Monument
Mo Chit

花喱轆副牌
Table Fairy (Pop-up)
2f

泰國很流行出副牌，潮流時裝品牌更甚。Table Fairy 其實是 SODA 的副牌，在 Siam Center 開時裝店之餘，更提供輕食 cafe。用餐環境明顯花心思裝修，也有個別打卡位，行得累不妨坐低食件 scone 打打卡再行過。

INFO
地址：1/F
電話：062-568-8289
網站：FB：Table Fairy

放低你嘅男人
Gundam Base
2g

INFO
地址：Rm C158, 1/F
電話：094-954-8444
網站：FB：SiamCenter

相信不用多介紹，大家都知道這裡賣甚麼。對於女仕們，高達模型實在沒有太大的吸引力；但對於同行的男朋友 / 老公 / 阿仔就不同了！放低他們在這裡，讓你去安心購物半句鐘，賺了！

冲哥快閃飯堂
Easy Buddy
2h

INFO
地址：2/F
時間：10am-10pm
網站：FB: Easybuddybkk

價錢相宜、唔駛諗；馳名的肉排煎蛋飯，即點即上。據聞冲哥間唔中貪方便來這裡吃個快飯，不妨試試來這裡看看能否找冲哥打個咭！

Siam

Chitlom

Ploenchit

Asok

PhromPhong

ThongLor

Ekkamai

Udom Suk

Victory Monument

Mo Chit

~ Siam Center ~

吃在冷與熱情之間

Hasul Korean Restaurant

2i

INFO
地址：2/F
時間：10am-9pm
網站：IG：hasulofficial

全新進駐 Siam Center 的餐廳！業主順應潮流，引入泰國人近年熱愛的韓餐！用餐環境簡約，少少 hip 味，暫時未見人龍，但食物賣相頗精緻，味道亦佳。Hasul 的意思是「夏雪」，不過餐牌的食物卻是百份百熱呼呼的韓餐，相當 contradict。

火山大爆發

豚骨火山Tonkotsu Kazan Ramen

2j

日本拉麵相信大家都吃得多，不過用石頭大碗盛著原碗上，就比較特別。奉餐後，侍應會將湯頭倒進加熱過的石頭大碗，「咋」一聲就見到湯頭翻滾的情景，像火山一樣，再蓋上紅色「煙囪」，看著蒸氣湧出來，視覺效果滿分啊！

INFO
地址：2/F
時間：10am-9pm
網站：IG: tonkotsukazanthai

Siam

Chitlom

Ploenchit

Asok

PhromPhong

ThongLor

Ekkamai

Udom Suk

Victory Monument

Mo Chit

Model身形另類之選
Theatre

2k

　　這間店是Siam Center內最出名的時裝店，款式有貴有平，有男裝也有女裝，還有鞋和飾物。以男裝來說，相當華麗，裡面的衫不是供一般返工穿著，可能是為了做show或者出席晚宴而設。我最喜歡的是他們的男裝裙，採訪當日有幸見到他們的De-signer，也是著住男裝裙示人。男人著裙本來可能是十分娘娘腔的事，但他們設計的裙型瀟灑，適合一些高瘦身材的人士。

INFO
地址：1/F
電話：02-251-3599
網頁：www.theatrebangkok.com

Young Line型品
Wonder Anatomie

2l

　　這間店的設計師是一個二十多歲的年輕人，樣子很可愛，估不到年紀輕輕有如此規模的舖頭。店內的作品是自己設計之餘，在曼谷不同的商場也有得賣。其中主打店在Siam Center，以女裝為主，款式較為浮誇和古怪。她會將PVC膠變為服裝和手袋，也有將一些不同種類的布拼接成一件衫。最令人欣賞的是天花板的設計，紙質骷髏骨鋪滿整個天花板，內外都如此有創意。

INFO
地址：1/F
電話：02-658-1494
FB：Wonder Anatomie

型格男裝

FRI 27 NOV.

2m

　Fri 27 Nov是泰國時裝設計師的作品，主要賣男裝，全部有型有格，可惜的是只有大碼沒有加大碼，好像我這種身形的只能望門興歎。此外，還有飾物、鞋子發售，全部自家設計。

INFO
地址：1/F
電話：02-658-1703
網頁：www.fri27nov.com

外表不地道的地道餐廳

Petite Audrey Cafe & Bistro

2n

　餐廳Audrey的人客大多數是泰國人，而其主打的泰菜頗有創意，最重要的是裡面的裝修很有法國風情。由於口碑好，它們被邀請進駐到Siam Center開分店。

　裝修陳設延續之前的法國風情，食的是帶有少許fusion的泰菜，最經典最好食的是冬蔭功薄餅。Pizza是用法式crepe去做，所以特別薄和香口。此外，他們也有眾多泰菜：有一款脆皮燒肉與中式燒肉不同，入口很鬆脆。

INFO
地址：4/F
電話：02-658-1544
營業時間：10am-10pm
網頁：www.facebook.com/Audrey.
　　　Cafe.Bistro

Siam

Chitom

Ploenchit

Asok

PhromPhong

ThongLor

Ekkamai

Udom Suk

Victory Monument

Mo Chit

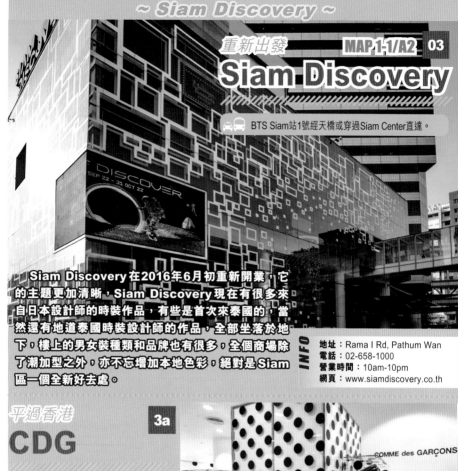

Siam

Chitlom

Ploenchit

Asok

PhromPhong

ThongLor

Ekkamai

Udom Suk

Victory Monument

Mo Chit

重新出發 **MAP 1-1/A2** 03
Siam Discovery

🚗🚌 BTS Siam站1號經天橋或穿過Siam Center直達。

Siam Discovery 在2016年6月初重新開業，它的主題更加清晰，Siam Discovery 現在有很多來自日本設計師的時裝作品，有些是首次來泰國的，當然還有地道泰國時裝設計師的作品，全部坐落於地下，樓上的男女裝種類和品牌也有很多，全個商場除了潮加型之外，亦不忘增加本地色彩，絕對是Siam區一個全新好去處。

INFO
地址：Rama I Rd, Pathum Wan
電話：02-658-1000
營業時間：10am-10pm
網頁：www.siamdiscovery.co.th

平過香港 **3a**
CDG

COMME des GARÇONS

香港的朋友跟我講，這裡賣的價錢，比在香港買還要便宜，款式比香港更多！如果你是Filip Pagowski「可愛心心」的忠粉，不妨來走一趟，可能執到三五七件超抵買的TEE。

INFO
地址：G/F　　電話：02-021-2140
營業時間：10am-10pm　　網頁：www.siamdiscovery.co.th

綠得有型 **3b**

Ecotopia

INFO
地址：3/F
電話：02-658-1000 ext. 3400
營業時間：10am-10pm
網頁：www.siamdiscovery.co.th

顧名思義，此店跟綠色時尚有關。店內分開 Gadget/Beauty/Home Decor/Food 和 Fashion Zone，絕大部份發售的東西都是由有機 / 天然或 upcyclced 的物料製成，款式新穎，不得不讚泰國人的創意！

泰靚新國度 **3c**

Icon Craft

INFO
地址：3/F
營業時間：10am-10pm
網頁：IG: iconcraft_th

泰式家品一直是香港朋友添置新家品時的首選目標，除了去 JJ Market 搜羅之外，Siam Discovery 也有一個專售泰式家品的地帶！價錢當然不能跟 JJ Market 競爭，但這裡賣的是品質和品味。由小擺設、明信片，以至燈具傢具都一站式提供，每個品牌都會有設計師和設計概念的簡介，讓你全身進入泰靚國度。

Siam
Chitlom
Ploenchit
Asok
PhromPhong
ThongLor
Ekkamai
Udom Suk
Victory Monument
Mo Chit

泰有創意

Objects of Desire Store

INFO
地址：3/F　營業時間：10am-10pm
網頁：IG: objects.of.desire.store

ODS跟ICONCRAFT有點相似，就是兩者都是推廣泰國當地設計師的作品。不過ODS就主力走年輕路線，以創意創新為賣點。即使是普通的家品，只要包裝得宜，加入逗趣的元素，即可將沉悶的生活豐富起來。

環保新商場　　　　MAP 1-1/C3　04

Siam Square One

🚗 BTS Siam站2號出口直達。

由於商場要配合環保，故沒有開設空調，而商場內的地庫以賣時裝為主，樓上則大部分為食店。整個商場相當open，每層的layout都有點不同，所以在場內遊走感覺新鮮，「行極都好似行唔完」。

地庫層有LINE STORE及Eveandboy化妝旗艦店，地面層又有人氣爆燈的After you甜品店，樓上又有平靚正的年輕服裝小店。想立即變青春？得咗！

INFO
地址：Next to BTS Siam station
電話：02-255-9994
營業時間：11am-10pm
網頁：www.facebook.com/SIAMSQUAREONE

貼入你心

Adidas

2a

Adidas其實在香港也有大型旗艦店，不過曼谷這間旗艦店則有提供泰式圖案及字樣燙貼服務，真正是「泰有型」的時裝。

INFO
地址：LG/F
營業時間：11am-10pm
網頁：www.adidas.co.th/en

女為悅己者容

Eveandboy

2b

用美容化妝品超市來形容它實在是不為過！這裡可以一站次找到許多又便宜又精美的化妝品，放學時候有很多女學生來這裡搜購，所以如果可以，不妨在放學前行一圈，否則就要跟當地的女生爭位排隊付款了。

INFO
地址：LG//F
營業時間：11am-10pm
網頁：www.eveandboy.com

地道生活百貨

Peylaa

2c

想買最地道的泰式生活百貨，來這裡就對了。由香薰、衫褲鞋襪、手袋、泰式零食、廚具用品等等，真正一應俱全，而且價錢相宜。如果去Big C去厭了，不妨來這裡搜羅一下，應該會有新發現。

INFO
地址：LG/F, FS001
營業時間：11am-9pm
網頁：http://peylaa.com

Chitlom / Ploenchit / Asok / PhromPhong / ThongLor / Ekkamai / Udom Suk / Victory Monument / Mo Chit

可愛到唔捨得食

Tokyo Sweets

2d

　　去曼谷多數都是買豬肉乾魷魚片做手信，不過今次可以試試買日式士多啤梨大福！這間甜點店在當地頗受歡迎，除了普通「一舊過」的大福外，還有期間限定的可愛海豹／肥豬仔造型大福，打卡影相出 IG 都是好題材。

INFO
地址：2/F, OS005　　**電話**：092-321-9222
營業時間：11am-9pm
網頁：www.facebook.com/tokyo.sweets.bkk

救你一命

Seven Days Optic

2e

　　泰國的眼鏡款式跟香港的沒啥大分別，而這些在香港也是多的是，沒甚特別。但旅行時往往 anything can go wrong will go wrong——眼鏡出意外時要配眼鏡，「速配」眼鏡店一定幫到你。990 銖起就可以配一副鏡架連鏡片救命，乎復可求？

INFO
地址：2/F, 011-12　　**電話**：02-252-2401
營業時間：10am-10pm　　**網頁**：http://sevendaysoptic.com/th

超chill coffee time

Dao Coffee

2f

　　商場裡有幾家咖啡店，每間都人山人海，唯獨是這家擁有落地大玻璃遙望 BTS 站的咖啡室，人流少得可憐。不過這家來自寮國的 cafe，大有來頭，除了自設咖啡園種豆外，更是各大品牌咖啡粉的供應商。這裡環境優雅清靜，咖啡款式和味道也相當不俗，來這裡休息嘆嘆咖啡實為美事。

INFO
地址：4/F, 008　　**電話**：02-115-1458
營業時間：10am-8:30pm
網頁：www.daocoffeethailand.com

5/F 自助火焗巡禮

Siam
Chitom
Ploenchit
Asok
PhromPhong
ThongLor
Ekkamai
Udom Suk
Victory Monument
Mo Chit

食得晒先好嗌

Burn Whale

2g

Burn Whale 相信香港遊客不會陌生，599銖起（Standard Buffet）90分鐘內任食各種海鮮，新西蘭青口，琵琶蝦、魷魚、本地大河蝦、生蠔、龍蝦、各種甲殼類、蟹、粉麵、木瓜沙律，甚至乎壽司、薯條、雪糕等等都有。

INFO
地址：5/F, 031-32　電話：080-966-6006
營業時間：11:00am-10:00pm（9:30pm L.O.）
網頁：www.facebook.com/BURN.WHALE

最芝你心意

Cheese Owl Korean Buffett

2h

泰國的朋友真的很愛吃buffett，無論是日式泰式或韓式的都大小通吃。Cheese Owl就主打韓式芝士湯鍋，白金套餐629++銖包任食韓式醬油蝦、三文魚刺身、韓式雪花冰等，實在是抵食！

INFO
地址：5/F, 018-19　電話：091-698-8570
營業時間：11:00am-10:00pm（9:30pm L.O.）
網頁：www.facebook.com/cheeseowl

可憐天下熊仔身

2i

Tenten

打邊爐店在曼谷多的是，不過這家Ten Ten 更加入其他all you can eat的環節，499銖起食足100分鐘！除此之外店家有另一打卡位——熊仔湯底！看著那隻凍冰冰的熊仔一直溶在熱鍋中，變成滾熱辣的湯底，相當有趣。

INFO
地址：5/F, 025　電話：062-479-1623
營業時間：11:00am-10:00pm（9:30pm L.O.）
網頁：www.facebook.com/tentenshabusushi

泰有型理髮店

Neversay Cutz

4j

在 Siam Square 裡有間型仔飛髮舖，實在泰有型，裡面的主題是 Hip Hop，髮型師和顧客基本都是20歲出頭的男仔，超過二十歲還來幫襯的我實在有點不太好意思，所以我都會揀人潮比較少的時候幫襯，幸而那個年輕得可做我個仔的小師傅不介意為老餅服務。

這間店舖最出名的是幫你在頭上雕花，剪出一些圖案；他們的album就有十多款俾你揀又或者你叫師傅自創剪個Batman logo都行；只要你說得出，都可以剪得到，價錢大概350銖。

雖然泰國人傳統是星期三不去剪頭髮，但年輕人百無禁忌，星期三照常營業幫人剪頭髮。

INFO
地址：1/F
電話：02-252-0852
營業時間：10am-9pm
網頁：www.neversaycutzbarber.com

80年老字號魚蛋檔大變新

Lim Lao Ngow（林老五）

4k

Siam Square One 裡面就開了一間新派的魚蛋檔，店子的英文名來自潮州語，差不多是林老五的意思，在曼谷已有80年歷史，且有兩間分店，清邁也有，Siam Square One分店是第一間商場內的分店，命名Bistro！

這裡專門食魚蛋粉、麵，只是新派裝修並沒有令地道、價錢變味，一碗魚蛋粉的價錢依舊和街邊差不多，裝修及環境全新但食物賣相卻保留傳統。

INFO
地址：5/F
電話：02-115-1435
營業時間：11am-9pm
網頁：www.limlaongow.com

最方便的一間

建興酒家 `4I`

很多人來到曼谷都會到這間酒家吃泰菜，尤其是店裡的咖喱炒蟹及咖喱炒蟹肉都相當馳名。交通最方便，在 Siam Square One 4樓的這間新分店由 Siam 站一出便到，而且裡面的座位不多，不像其他分店4層樓般高，人客太多，廚師煮不停，質素自然差一點。

INFO

地址：4/F
電話：02-115-1401
營業時間：11am-10pm（9pm L.O.）
網頁：www.somboonseafood.com/index.php/en/branch/10

Siam
Chitlom
Ploenchit
Asok
PhromPhong
ThongLor
Ekkamai
Udom Suk
Victory Monument
Mo Chit

Siam

Chitom

Ploenchit

Asok

PhromPhong

ThongLor

Ekkamai

Udom Suk

Victory Monument

Mo Chit

30年的曲奇

PN cookies

4m

一生人有多少個30年？PN cookies其實是由一對泰國夫婦1992年創辦的曲奇烘焙店，一做就是30年，餅點實而不華。經典的 Honey Cranberry Meringue 是地道人氣之選，深受泰國朋友歡迎，甚至大批訂購送禮，相當誇張。

INFO
地址：5/F, 008　　電話：092-098-6565
營業時間：11am-8pm
網頁：www.facebook.com/pncookies

最方便易去的

Let's Relax **4n**

分店的裝修陳設和其他店舖差不多，皆是以現代風格設計，不過尺碼就細小一點，只有四千多呎，亦因為尺碼細小所以裡面的Spa房就沒有浴缸的設施，只有Shower的沖涼設備。

人客們光顧兩小時的按摩或其他Spa package之後會送上一客芒果糯米飯，這間 Let's Relax 可能是 Siam 區裡營業到最晚的一間按摩店，因為他們的營業時間是到晚上12點。

INFO
地址：6/F
電話：02-252-2228
營業時間：10am-12am
網頁：www.letsrelaxspa.com

Chitlom
Ploenchit
Asok
PhromPhong
Thonglor
Ekkamai
Udom Suk
Victory Monument
Mo Chit

人氣芒果甜品　　**MAP 1-1/B2**

Mango Tango 05
//

🚌 BTS Siam站2號出口徒步約2分鐘。

　　Mango Tango是泰國出名的芒果甜品大王，真係「細細個就聽過佢既名」！店鋪前後搬了好幾次，今次終於回歸地舖。店面大了，但人客有增無減，故要找個位坐下來休息可能會有困難。除了各式各樣的芒果甜品外，還有不少可愛的芒果紀念品發售！

INFO
地址：Siam Square Soi 3, Rama 1 Road
電話：02-658-4660
營業時間：12pm-10pm
網頁：www.mymangotango.com

- -

🚌 BTS Siam站2號出口徒步約2分鐘。

MAP 1-1/B2

兒童不宜　　**06**

#FR2
/////////////////////////////

　　來自日本原宿的「色情兔」，已經登陸Siam Square。這位對專門拍攝女生pat pat的攝影師#FR2，在IG的風頭的確一時無兩，配上澀谷109系人氣品牌VANQUISH主理人石川涼手筆的兔子作為品牌Logo，實在型潮。

INFO
地址：258 Siam Square Soi 3
電話：02-003-1732
營業時間：11pm-10pm
網頁：IG: fxxkingrabbits

Siam

Chitlom

Ploenchit

Asok

PhromPhong

ThongLor

Ekkamai

UdomSuk

Victory Monument

Mo Chit

有種老朋友　**MAP 1-1/B2** 07

Center Point Massage

🚗🚌 BTS Siam站2號出口徒步約3分鐘。

這個不用多介紹啦！每每讀者問我哪家按摩店最好，我總是答最近你酒店那家就一定最好，因為不用舟車勞頓，已經賺回票價。

老手的你，應該知道Center Point的手勢不俗，價錢也合理。如住在Kempinski或Novotel的話，這間應該是較方便的一間了。

INFO
地址：266/3 Siam Square 3, Rama 1 Road
電話：02-658-4597
營業時間：10am-12mn（L.O. 10:30pm）
網頁：www.centerpointmassage.com

有種老朋友　**MAP 1-1/B2** 08

Everyday kmkm

🚗🚌 BTS Siam站2號出口徒步約2分鐘。

以售賣香薰油起家的 Karmakamet，近幾年冒起得很快，由賣香薰油發展到開發生活百貨、家品裝飾、甚至時裝，俘虜了一班愛美的輕熟女仕。

現址樓上更開設了咖啡店，可以在樓下掃完貨後，上去喝杯咖啡休息，稍後再戰。

INFO
地址：258/5, 258/6 Unit 16, Siam Square Soi 3
電話：02-115-7978
營業時間：11am-9pm
網頁：https://everydaykmkm.com

Siam
Chitlom
Ploenchit
Asok
PhromPhong
ThongLor
Ekkamai
Udom Suk
Victory Monument
Mo Chit

東北菜之選 **MAP 1-1/B3** `09`

JaeDang

BTS Siam站2號出口徒步約4分鐘。

JaeDang其實是泰國的老店,主打泰國東北菜,其燒豬頸肉配甜酸醬更是人氣之選,299銖已有交易。近年開始以特許經營店方式在泰國各地開分店,雖説特許經營,但水準不俗,值得一試。

INFO
地址:430/1 Rama 1 Road, Pathum Wan
營業時間:10am-7pm

韓式蒸多士 **MAP 1-1/B3** `10`

Mil Toast House

BTS Siam站2號出口徒步約2分鐘。

這家走文青風的韓國包點甜品店,外牆大大塊多士logo十分易認,初到Siam Sqaure開業時人山人海,迫爆全場。

正所謂物離鄉貴,一個招牌推介的牛油疏乎厘多士連雪糕餐索價近400銖,聽起來有點貴;不過環境及食物味道又的確物有所值,其蒸籠麵包更是每日熱賣(其實是將一早焗好的麵包放回竹蒸籠內蒸熱回軟)。

曼谷幾間大型商場都已經開設其分店,EmQuartier分店更是日日人龍呢!

INFO
地址:Siam Square Soi 3
電話:094-898-9999
營業時間:11am-11pm
網頁:www.facebook.com/miltoasthouseth

Siam

Chitlom

Ploenchit

Asok

PhromPhong

ThongLor

Ekkamai

Udom Suk

Victory Monument

Mo Chit

百味刨冰

Saranghae Bingsu

MAP 1-1/B3 `11`

🚗 BTS Siam站2號出口徒步約3分鐘。

INFO
地址：Soi 10, Siam Square
電話：097-056-3781
營業時間：11am-9pm
網頁：www.facebook.com/
　　　Saranghae.tteokbbokki

　　曼谷長時間都熱辣辣，食韓式雪花刨冰就最透心涼，這裡除了正路的果汁味刨冰外，還提供搞鬼味道，例如小老闆紫菜味、泰式奶茶味，深受當地年青人歡迎。不過用餐環境實在很普通，沒有打卡位，要影相出IG的話就效果差一點了。

女生至愛

Stickerland

MAP 1-1/B2 `12`

🚗 BTS Siam站2號出口徒步約4分鐘。

INFO
地址：Siam square soi 2　　電話：098-3534155
營業時間：11:30am-8:30pm
網頁：https://daddy-stickerland.com

　　女生愛貼紙，是一個不解之謎。這家來自日本十級fancy的貼紙店，長期被曼谷的女生佔據！除了貼紙外，還闢了一角賣女裝及小手袋，真正一站式照顧女生的喜好。

Siam

Chitlom

Ploenchit

Asok

PhromPhong

ThongLor

Ekkamai

Udom Suk

Victory Monument

Mo Chit

酒干倘賣無 **MAP 1-1/B3** 13

The Cassette Coffee Bar

🚗🚌 BTS Siam站2號出口徒步約2分鐘。

　　無酒賣的酒吧，豈可算是酒吧？其實這是夜店 The Cassette 的「年青無酒精版」的飲品店，在 Siam Square 這個年輕人聚頭的地方，總不能教他們喝酒，但又想做一些推廣，就索性開店賣咖啡。粉紫色的英倫風裝修，打卡出po 一流。醉翁之意不在酒，點一杯咖啡，沉醉在夜店般的空間，頗有驚喜！

INFO
地址：264/4 Siam Square Soi 3
電話：061-654-6666
營業時間：10am-8pm
網頁：IG: the.cassette.coffee.bar

舊酒新瓶 **MAP 1-1/B2** 14

Lido Connect

🚗🚌 BTS Siam站2號出口徒步約2分鐘。

　　提起 Lido，老手的你可能會有點印象！對了，這裡之前其實是一所老牌電影院，2018年5月業主「Love Is Entertainment」索性將它關門大吉，然後重新裝修，改建成現時的商場，但亦同時保留昔日的 1 號影院「Lido 1」繼續播放電影。其餘2間舊影院則先後改建為「Live House」作為表演場地，及「Blackbox」作為展覽場地。其他樓面則開設潮流小店，索性活化建築物，實為美事。

INFO
地址：256 Rama I Rd, Pathum Wan
電話：096-921-7679　營業時間：10am-10pm
網頁：www.facebook.com/lidoconnect

Siam
Chitlom
Ploenchit
Asok
PhromPhong
ThongLor
Ekkamai
Udom Suk
Victory Monument
Mo Chit

港人必去
Big C Supercenter 01
//////////////////////////////
MAP 2-2/C2

BTS Chitlom站9號出口經Gaysorn Village，沿天橋走即達。

　　正當中港台遊客來曼谷必湧去Big C Supermarket購物時，我則對Big C沒興趣，但讀者對Big C的鍾愛程度卻十分狂熱，就連牙膏、貓糧及女士用品也要買一袋。

　　每間分店基本有兩層，第一層主要買超級市場的貨品，有免費水機提供，如果你住的是Service Apartment，可在此買材料，自己煮食。至於地下層的麥當勞，已經變成24小時營業的Mini Big C。

　　新裝修後的supercenter，更設superrich兌換店，與及讓遊客暫放行李的Bag drop服務。認真體貼，真正讓你shop till you drop！

INFO
地址：97/11 Rajdamri Road
電話：02-250-4888
營業時間：9am-12nn，BigC Mini 24小時
網頁：www.bigc.co.th

E

F

Phetchaburi Rd.

1

2

3

Soi Som Khit

Wireless Rd.

Central Embassy

BTS Sukhumvit線

4

出1

出5

Ph

5

Map 2-2
Chitlom

Siam
Chitlom
Ploenchit
Asok
PhromPhong
ThongLor
Ekkamai
Udom Suk
Victory Monument
Mo Chit

東南亞最大商場

Central World

MAP 2-2/B3 `02`

🚍 BTS Chitlom站9號出口經天橋直達商場。

　　這個全東南亞最大的綜合商場CentralWorld，有差不多500多家商鋪超過35間是品牌的旗艦店，包括運動用品連鎖店SuperSports、電器用品連鎖店Power Buy、B2S書店等等。有近40間首度登陸泰國的店鋪，全是國際知名品牌。

INFO 地址：999/9 Rama 1 Rd., Patumwan　電話：02-635-1111
營業時間：10am-10pm　網頁：tourist.cpn.co.th/site-1-CentralWorld

英姐屋企的isan菜 `2a`

Baan Ying Cafe & Meal

　　Baan Ying泰文意思是ying姐的家，這個品牌在曼谷擁有不少餐廳。最初是在Siam Square為當地大學生而設的小店，故食物款式簡單，價錢不貴，現在幾乎所有的大商場都有其分店。Central World的分店與眾不同，食物方面除了本身的拿手菜，還加入了些特別東北Isan菜。

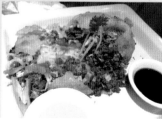

INFO 位置：3/F　電話：02-646-1554
營業時間：10am-10pm　網頁：www.baanyingfamily.com

回歸泰菜

Nara 2b

當年在CentralWorld開業的Nara，以精巧泰菜馳名，真正食過返尋味！餐廳以樹林式裝修設計，除原來的精巧泰菜便多了一分大自然味道。

INFO
位置：B702-703, 7/F
電話：02-613-1658
營業時間：10am-10pm
網頁：www.naracuisine.com

五星級的陳設裝璜

Yum Saap 2c

Yum Saap是一個泰國連鎖集團的名字，提供簡單的泰國小食及餐，如泰式粉、魚餅、煎蛋飯或木瓜沙律等，在很多地方也有連鎖店，價錢便宜，一點也不貴，而且Central World分店的座位比其他分店舒服，同樣價錢同樣的食物，當然會揀選這間分店吧！

INFO
位置：6/F
電話：02-613-1197
營業時間：10am-10pm
網頁：www.yumsaap.co.th

Siam
Chitlom
Ploenchit
Asok
PhromPhong
ThongLor
Ekkamai
Udom Suk
Victory Monument
Mo Chit

曼谷靚景天台餐廳酒吧

Red Sky `2d`

5號出口,穿過天橋到centralworld,於戲院內的電梯到酒店,在55樓。

位 於Centara Grand酒 店55樓 的 Red Sky,佔盡整個酒店55/F天台,室外有無敵靚景座位和酒吧。不想在戶外地方被大風吹及怕被雨淋的朋友可坐室內座位,仍有七成座位貼住落地玻璃,同樣能飽覽曼谷中心景色。

位於Red Sky頂層的酒吧部分,是後期開的靚景地帶。開放式露天酒吧,360度落地玻璃設計,景觀開揚,而且不設Dress Code。

INFO
地址:999/99 Rama 1 Road, Pathumwan
電話:02-100-6255
營業時間:11:30am-2:30pm;6pm-2am
網頁:www.centarahotelsresorts.com/redsky

蝴蝶袋

NaRaYa `2e`

當 日CentralWorld被 燒,網 友 第 一反應是以後無得買蝴蝶袋!原來功高蓋主,NaRaYa在港人心目中地位崇高,這店並非最大,但人流卻最旺,可能因為其位置就腳。更值得留意的是,每年聖誕及農曆新年,這裡都會有相關節日的新款式貨品推出。

INFO
位置:B106-8, G/F
電話:02-255-9522
營業時間:10am-10pm
網頁:www.naraya.com

市中心也有室外溜冰場

The Rink `2f`

Central World 內有室內溜冰場歷史是來自以前當 Central World 仍是世貿中心時已有，裡面是有一個全曼谷唯一一個室內溜冰場，但當 Central World 重開時，The Rink 便由地下移至樓上這層，現在仍有很多本地人幫襯。這裡有

溜冰課程供人參加，亦有一些溜冰輔助器供小朋友溜冰時不易跌到用，而教練亦是泰國國家溜冰隊成員，在熱辣辣的曼谷，可在這裡嘗玩一下涼快的活動。

INFO 位置：2/F, Atrium Zone 電話：081-875-1212
營業時間：10:30am -9:30pm
網頁：www.therink-icearena.com

Central World 內較相宜的按摩店

Montra Health & Spa `2g`

在 Central World 裡面可以做簡單按摩的地方並不多，真的鮮為人知，位置在於 Istan 百貨門口旁，是一間普通的 massage 店。店內有按摩椅和按摩床用來做簡單的 treatment，價錢合理，最重要的是地點就腳，包括自己在內，行 Central World 經常會行到腳痛，要找個方便的地方按摩實在選擇不多，這間可以說是 Central World 內的滄海遺珠。

INFO 位置：B212, 2/F, Zone B
電話：02-252-5562
營業時間：10am-10pm (8:50pm L.O.)
網頁：www.montraspa.net

Siam
Chitlom
Ploenchit
Asok
PhromPhong
ThongLor
Ekkamai
Udom Suk
Victory Monument
Mo Chit

Siam
Chitlom
Ploenchit
Asok
PhromPhong
ThongLor
Ekkamai
Udom Suk
Victory Monument
Mo Chit

法式小酒館
Victoria By Cocotte

法式西餐總讓人覺得又貴又份量小，大大隻碟，細細份肉；事實又並不如此的。Victoria By Cocotte其實是一家Bistro小酒館，環境比較casual，食物精緻之餘也大眾化。由Brunch至晚餐一應俱全。下午茶也只是990銖/2位，相當抵食。

INFO 位置：1/F　電話：92-390-808
營業時間：10:00am-10pm (L.O. 9:30pm)
網頁：www.facebook.com/victoriabycocotte

必試打卡下午茶
Divana Signature

一如他們的店舖裝修，在環境佈置上都花了很多心思。除了cafe以外，也有花賣(求婚或生日就最適合)，整個用餐區域都佈置得相當fancy，打卡影相一流。

想平平地試一次，可以試試著名的Afternoon Tea Set (1,200銖起)；店方表示因為有些客人用膳前其實都未食主食，所以Tea Set會菜式小份量的主食，包括菇菌三文魚法包及泰式沙嗲雞肉串，當然也有萬眾期待的膠原蛋白水晶啫喱花呢！

INFO 位置：2/F, Atrium Zone　電話：02-252-2614
營業時間：10:00am-9:30pm　網頁：www.divanacafe.com

Let's Relax
放鬆一下

2j

這個其實也不用多介紹，相信大家都知道它是一家泰國很出名的連鎖式按摩店。特意在這裡再介紹，無非是讓你知道這裡有一家分店，住在水門街或 Chitlom 一帶的朋友，可以來這家分店嘆一下。

INFO
位置：2/F, D205　電話：02-255-6559
營業時間：10:00am-12mn
網頁：https://letsrelaxspa.com

2k

射住射住

House of Illumination

從前 Central World 內有一個百貨區域叫 ZEN，不過許久之前已經結業，已經改為 Central 百貨，其頂層就新開設這個極之 IGable 的打卡聖地！場地會定期轉展覽主題，我也去了好幾次，相當開心。不過早陣子的主題是 Haunted Factory，見朋友的相片相當「逼真」，我就不夠膽去了！

INFO
位置：2/F　電話：65-956-0170
營業時間：12:00nn-7:00pm；星期六日假期
11:00am-8:00pm（關門前1小時停止發售門票）\
網頁：www.houseofillumination.com
費用：成人350銖，學生300銖，小童250銖（身高90cm或以下免費）

Siam

Chitlom

Ploenchit

Asok

PhromPhong

ThongLor

Ekkamai

Udom Suk

Victory Monument

Mo Chit

Siam

Chitlom

Ploenchit

Asok

PhomPhong

ThongLor

Ekkamai

Udom Suk

Victory Monument

Mo Chit

Home Sweet Home

H&M Home

2l

H&M Home其實香港都有，至於CentralWorld的分店則是全曼谷首家。這裡佔地比香港的更大，貨品更多。但正所謂醉翁之意，其實我是想順手推介店內的DARK cafe！三文治和甜點水準不俗，也有堂食座位讓大家休息一下。

INFO 位置：4/F

中湯打邊爐

Shabu Tomo 友

2m

查實這家火煱店實為旁邊「鄭斗海鮮酒家」旗下的副牌，跟一般火煱店不同，這裡的湯底全為中式，魚骨湯/冬蟲草湯和烏雞湯，滋潤清甜。吃膩了MK或者海底X，不妨試試這裡的中式湯底！

INFO 位置：4/F　電話：95-208-0174
營業時間：10:30am-9pm
網頁：www.facebook.com/shabutomoofficial

Siam
Chitlom
Ploenchit
Asok
PhromPhong
ThongLor
Ekkamai
Udom Suk
Victory Monument
Mo Chit

泰式動漫

Kinokuniya

2n

　　重新裝修的紀伊國屋書店又再一次回歸Central World，裝修後的地方更大更多書，除了泰文／英文／日文書外，新店還開設了日本動漫專區。放底男朋友／老公在這裡，應該可以偷到30分鐘的自由購物時間呢！

INFO 位置：6/F　　電話：02-056-4700
營業時間：10am-10pm
網頁：https://thailand.kinokuniya.com/

法雞泰煮

Poulet Thailand

2o

　　顧名思義，Poulet是指「家禽」(Poultry)，不過來自新加坡的店家似乎專攻法式燒雞！據稱店家將原雞腌足24小時才拿去慢煮，雞肉鮮味嫩滑，配上傳統冬蔭功醬汁（另有蘑菇汁或黑椒汁選配），十分惹味。除了焗雞外，也有慢煮牛尾、三文魚等。

INFO 位置：6/F, Zone Beacon　　電話：065-350-7372
營業時間：10am-9pm
網頁：https://poulet.co.th

懷舊泰菜

Khao Jaan-Prod

2p

　　提起泰菜，總是海南雞飯、冬蔭功之類，其實還有其他值得一試的泰好味餐廳——Khao Jann Prod是一家米芝蓮一星，主打「傳統懷舊泰菜」，手法正宗之餘，價錢也相當親民。

　　泰南風味的咖喱蟹更是香濃美味，不太辛辣。最特別的是店家特設素食菜單，即使同行朋友吃素也可齊上齊落。

INFO
位置：7/F, Zone Beacon　　電話：09-7917-7777
營業時間：11am-10pm
網頁：www.facebook.com/KhaoJaanProd

2q

「郎」吞虎嚥

Sushiro

　　在香港食壽司郎，往往排隊排到天昏地暗；這家作為曼谷首間開業的壽司郎，店內設60張枱，其實也是人頭湧湧，只是沒有香港那麼誇張。價錢跟香港差不多，不過有幾款食品和醬汁是泰國限定，例如泰式三文魚、泰式海鮮醬。

INFO
位置：7/F, Zone Beacon
電話：02-118-2997
營業時間：10am-10pm (L.O. 9:30pm)
網頁：http://sushiro.co.th/

Siam

Chitlom

Ploenchit

Asok

PhromPhong

ThongLor

Ekkamai

Udom Suk

Victory Monument

Mo Chit

好嘢嚟架

Good goods

2r

　　泰國買袋買包包，大家都熟悉蝴蝶袋。除此之外近期有一新人氣品牌——Good Goods！這個品牌其實是 Central 集團旗下的一個企業回饋項目，目的是幫助泰國不同省府的一些手工藝匠人，透過銷售帶動知名度，從而改善生活。

　　例如與 Bang Sueon 草藥俱樂部合作的商品，就是浸泡手和腳的泰國草藥，方便使用，只需用微波爐加熱即可。浸泡後可用溫泉鹽擦洗雙腳，放鬆疲勞的肌肉。

　　又例如沙功那空府 Wanon Niwat 區 Ban Kut Chik 社區的「靛藍染色棉」，利用手工編織，使用真正的紗線製成梭芯，這與古舊傳統製法一樣。面料柔軟，是豐富多彩的優質棉。

　　下次經過見到不妨支持一下本地手工藝文化，裡面還有咖啡飲！

INFO　**位置**：G/F（Cha Tra Mue旁邊）　　**營業時間**：10am-10pm
　　　網頁：www.facebook.com/aboutgoodgoods

Siam

Chitlom

Ploenchit

Asok

PhromPhong

ThongLor

Ekkamai

Udom Suk

Victory Monument

Mo Chit

誠心求拜

四面神 MAP 2-2/B4 `03`

BTS Chitlom站8號出口即見。

四面神神龕建於1956年，是曼谷著名的觀光名勝，每天都有不少人前往參拜。原來當年四面神所在地準備興建酒店時，接二連三發生事故，多名工人離奇死亡，業主便在工地附近建造這座四面神廟，及後不幸的事件亦不再發生。

在18年三月中，曼谷四面神有個新的呼籲，就是希望來參拜的善信不要點香及燭燭，原因就是希望改善空氣質素，保護大自然。自從這個呼籲出了之後，好多朋友都好乖，都不會點香，之不過都會象徵式插香枝。

我曾與有關部門了解，他們也說其實只是勸喻，而不是管制，如果大家都堅持要點香燭的話，其實他們也不會採取行動，不會抓你。不過最好當然是大家一同來保護大自然吧。

地址：Rama 1 Road & Ratchadamri Road 交叉口
電話：02-250-7777
營業時間：9:30am-10pm

紅屋商場 MAP 2-2/D4 `04`
Mercury Ville

BTS Chitlom站4號出口有天橋相連

這個Mercury Ville在曼谷都很久歷史，以前這個建築物只得地下一層開啟，裡面有提供意大利餐及泰國餐，但經2年重新裝修後全個商場煥然一新，外牆塗了紅色，更加醒神。由地下至四樓，除了部份是美容店鋪外，大部份是食肆。

INFO
地址：540 Mercury Tower, Ploenchit Road, Lumpini
電話：02-658-6128　　營業時間：10am-10pm
網頁：www.themercuryville.com

BTS 站旁的歷史悠久海鮮店
Savoey Thai Restaurant `4a`

餐廳口碑極佳，顧客對象以本地人為主，此分店在Chitlom BTS站的Mercury Ville內，交通極方便。所吃的是新鮮海鮮。不太花巧連菜牌的設計也有如此感覺，但幸好內有英文和圖片。他們有自己的蝦場、漁場，保證所有食材的質素，煮法為泰式，除了一般的咖喱炒蟹、咖喱炒蟹肉、炸魚之外，有一味蝦是整隻原炸，連殼連頭整隻入口，這種食法是其他地方沒有的。

INFO
地址：2/F
電話：02-255-1790-2
營業時間：10:30am-9:30pm
網頁：www.savoey.co.th

Siam
Chitlom
Ploenchit
Asok
PhromPhong
ThongLor
Ekkamai
Udom Suk
Victory Monument
Mo Chit

Siam
Chitlom
Ploenchit
Asok
PhromPhong
ThongLor
Ekkamai
Udom Suk
Victory Monument
Mo Chit

~ Gaysorn Village ~

富貴商場revamped　MAP 2-2/B3

Gaysorn Village 05

🚊 BTS Chitlom站8號出口，與天橋相連。

　　凡遊過曼谷的朋友，對Gaysorn都沒有特別好感，原因是整個商場都是走高檔路線，對港人沒啥吸引。不過最近Gaysorn造福遊客，進行大改造。將舊有的Gaysorn商場放為Atrium Gallery，除了名牌留守外，還進駐了一些中檔品牌及餐飲，讓大家都可以留下消費。

　　然後是新建Gaysorn Cocoon及開通Gaysorn North Gate，以有蓋天橋連接前往Big C、Isetan及水門街Platinum Novotel等三個Chitlom區極重要的旅遊點！如此一來簡直是造福萬民！

Gaysorn Atrium Gallery

　　是Gaysorn的原有部份，改動不大。只是新增引進一些中檔的餐飲店，讓大家都可以多逗留一下。新增的有1823 Tea Lounge、Starbucks及The Mandarin Oriental Cake Shop。

Ratchaprasong Walk

　　大家可以由BTS Chitlom站經Gaysorn走到這條有蓋天橋，一直走至BigC，以及Isetan和水門街Platinum Novotel酒店。

Gaysorn Cocoon

　　極富現代感的建築裝置。平日會有小型音樂表演在這裡演出，也是拍照打卡呃Like的好地方。

INFO
地址：999 Pleonchit Rd., Lumpini, Pathumwan
電話：02-656-1149
營業時間：10am-8pm
網頁：www.gaysornvillage.com

Gaysorn North Tower

　　這裡也是連接North Gate往Big C的位置。

Siam

Chitlom

Ploenchit

Asok

PhromPhong

ThongLor

Ekkamai

Udom Suk

Victory Monument

Mo Chit

~ Gaysorn Village ~

泰國自家品牌

Panpuri & Panpuri Organic Spa

5a

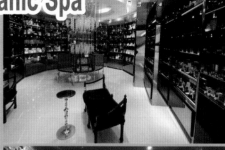

這間店在泰國已有十年歷史，主要出產香薰油、沐浴露及洗頭水等，香味很濃郁，都可以說是與眾不同。在很多商場百貨也有專櫃，但說到店鋪內又有Spa可做的，只得這間。Spa房由兩間變成三間，做個Spa treatment也只是千多銖，而且有些treatment是給男士，也是2,000銖左右便有交易。

INFO
地址：2/F　電話：02-656-1199
營業時間：10am-8pm　網頁：www.panpuri.com

高級餐廳的超抵食二人份量一人Afternoon Tea Set

1823 **5b**

曼谷的四面神對面的Gaysorn Plaza主要是高級品牌店，內裡有間新開的茶室，叫1823，是來自德國的品牌，亦是泰國首間在亞洲區的分店，除了有超過50款茶賣，還有afternoon tea set和一些Homemade的糕點及午餐。

茶室有向街位，就正正看著四面神和天橋的景。有時去食afternoon tea就怕周遭都是遊客，大聲講，大聲笑，喜歡安靜的朋友都會有點掃興。

INFO
地址：1/F　電話：02-656-1086
營業時間：10am-8pm
網頁：www.facebook.com/1823tealoungebyronnefeldtbkk/

~ Gaysorn Village~

英國龍蝦品牌殺進曼谷

Burger & Lobster Bangkok

5c

在倫敦「嚮晒朵」的龍蝦漢堡包專門店 Burger & Lobster 在曼谷 Gaysorn 的分店不設訂枱,一定要 walk-in,「最低消費」起碼要等一個多小時。Menu 上主要分成三種食物,有龍蝦漢堡包、龍蝦和龍蝦包。當中最貴的就是 2,900 銖的龍蝦了,至於龍蝦漢堡包和龍蝦包,價錢也不至於超貴。

INFO
地址:G/F
電話:02-656-1111
營業時間:11am-10:30pm
網頁:http://burgerandlobster.com

吃個情意結

Provence

5d

這個高貴船河粉,10年前設店於 Peninsula Plaza,蘇絲黃都有介紹過。如今店家已經搬至 Gaysorn Plaza 中庭,雖然環境有變,但味道和氣氛依舊。

百幾銖一碗船麵,係貴既!不過又未至於吃不起。一場來到,回憶無價啊!

INFO
地址:L/G 中庭
電話:02-656-1438
營業時間:10am-8pm

~ *Gaysorn Village* ~

5e

泰好味的粵菜

喜宴 Hei Yin

在曼谷吃泰菜或西餐，屬正路之選。不過，食得多也許會悶。有沒有想過在外地吃回自家最熟悉的粵菜呢？的確，許多有經驗的大廚都會往外跑，喜宴就邀請了來自香港煮粵菜了得的陳國雄師傅座陣，手本名菜燒腩仔、荔枝木烤北京片皮鴨（一鴨兩食／三食）和油泡筍殼魚都是店家推介。

朋友夠多的話，不妨點多一份荔枝木烤脆皮乳豬全體，真正大滿足！店家午市有點心提供，飲茶或小菜均可。

INFO

地址：3/F, Gaysorn Village
電話：080-964-5423
營業時間：11am-3pm；6pm-10pm
網頁：www.heiyinbangkok.com

Siam

Chitlom

Ploenchit

Asok

PhromPhong

Thonglor

Ekkamai

Udom Suk

Victory Monument

Mo Chit

Siam
Chitlom
Ploenchit
Asok
PhromPhong
ThongLor
Ekkamai
UdomSuk
Victory Monument
Mo Chit

水門街

🚌 BTS Chitlom站9號出口經Gaysorn Village，沿 Ratchaprasong Walk天橋走，過了Arnoma Hotel及 Big C，再直行到十字路口，便是水門街。

　　凌晨2am，當 Central World 和 Big C 那邊廂已一片死寂，幸而水門街有數間開至很夜的店鋪，所以仍然燈火通明。若你和我一樣是海南雞飯迷，一定會在此得到滿足。另外水門街區大部分商場如 Platinum Fashion Mall，都是時裝批發及零售集中地。

八個你可能不知的小貼士 ///

Platinum Fashion Mall Shopping

MAP 2-2/B1

06

　　在泰國曼谷，最受新加坡和馬來西亞遊客歡迎的就是位於水門街的 Platinum Fashion Mall，部份新馬遊客更希望住在水門街之內方便購物；此外，很多香港遊客尤其是女士們，都喜歡來這裡購物，原因是這裡主要做成衣批發，所謂成衣批發就是你買一打或3件就可以便宜一點，只買一件都可以。

　　其實類似的時裝批發市場在水門街舉目皆是，同類型的商場也有很多個，但做得最有聲有色和最受歡迎的都可說是 Platinum Fashion Mall，Platinum Fashion Mall 並不是一個新商場，只不過如果你不是經常來的話，以下八個小貼士不知道你又知不知道。

Siam

Chitlom

Ploenchit

Asok

PhromPhong

ThongLor

Ekkamai

Udom Suk

Victory Monument

Mo Chit

1 Fashion Mall有兩座——新翼和舊翼，舊翼在Armani酒店對面，而新翼就在舊翼旁，即是Central World後面，兩翼中地方較大和較多店鋪的是舊翼。

2 原來這個商場上有一間酒店，其實新翼上面已經是Novotel Platinum酒店，酒店有通道可直通商場，住在這間酒店走下去就可以shopping。

3 這兩個shopping mall之中，以舊翼來說其實大多數也是賣女裝，但原來4樓主要賣男裝，有T恤、西裝和一些潮流服飾等，全部都是以批發價發售，當然正如剛才所説買一件都可以。

4 全泰國曼谷最多童裝售賣和價錢最便宜的，就在Platinum Fashion Mall舊翼的5樓，有很多童裝店鋪，有些是本地設計，有些是入口，除了一般休閒服裝，也有小朋友的禮服，甚至乎睡衣也有，種類繁多。

5 5樓除了有童裝外，原來都有很多人造手飾，當然不是真金白銀，而是一些適合男女士的頸鏈、戒指等飾物，全部也有批發價，買一打的話，價錢可以更便宜，但當然逐件計都可

6 Fashion Mall裡除了賣fashion外，亦有一些spa產品，就在6樓之上，也是以批發價發售，有不少曼谷其他商店的商人會在這裡買一大批回去重新包裝過，於是又可賣高一點價錢。

7 商場內有皮袋、環保袋、shopping膠袋批發，單買一個也可且種類繁多。

8 很多人買貨後也需要運回家，這裡除了DHL外，亦有很多貨運公司的資料提供，有些還會説中文，如果真的有心去做生意，買很多貨回去賣的話，可以聯絡這些公司，自然就可以和你進行door to door的運輸服務。

Siam

Chitlom

Ploenchit

Asok

PhromPhong

ThongLor

Ekkamai

Udom Suk

Victory Monument

Mo Chit

隱蔽在鬧市的銀器市場　　**MAP 2-2/C1**

The Palladium Square 07

🚗🚌 Novotel Platinum 斜對面。

在水門雞飯對面、Central World附近有一個批發市場叫做Palladium，和其他水門街的批發市場一樣，這裡以成衣店鋪為主，不過地底的一整層以銀器和人造首飾為主，價錢不太貴。如果在Central World走過來，也只是大概10分鐘的路程。

INFO
地址：Phetchaburi Road, Pratunam
電話：02-309 8888　　營業時間：10am-8pm
網址：www.palladiumoffice.com

曼谷最高自助餐廳

Baiyoke Balcony 08

🚗🚌 BTS Phaya Thai站2號出口轉乘的士約5分鐘，或由Novotel Platinum 徒步約7分鐘。

曼谷的Baiyoke Sky酒店已經有很多年歷史，酒店重新裝修過其中一層，令人耳目一新。81層的Bangkok Balcony與其他餐廳一樣都是吃自助餐，但特別的是它還帶有室外地帶，沒有玻璃，你可以高高在上地欣賞曼谷靚景，風景不俗。自助餐大概600銖一位，室外有set dinner提供，價錢稍貴，因為只有圍欄沒玻璃所以可看的景色也更多。食物質素和款式以如此價錢來說也可以，記住這裡食的是環境！

Google Map

INFO
地址：81/F, Baiyoke Sky Hotel, 222 Ratchaprarop Rd., Ratchathewi,
電話：02-656-3939　營業時間：5pm-11pm
網頁：www.baiyokebuffet.com

Siam

Chitlom

Ploenchit

Asok

PhromPhong

ThongLor

Ekkamai

Udom Suk

Victory Monument

Mo Chit

大碼時裝　**MAP 2-2/A1** **09**

Krungthong Plaza

//

　　平日在曼谷街上，見到大部份泰國人都很纖瘦，但事實也有「穿大碼」的泰國朋友。Krungthong Plaza就是專賣超大碼女裝的集散地，有零售，也有批發。話雖超大碼，但目測這些大碼或超大碼女裝，比起香港的大碼都偏小一號，微胖或喜歡著鬆身衫的其實在可以在這裡搵到寶。

　　商場內有food court，買得累可以去醫肚休息一下喔！

🚗 BTS Chitlom站9號出口經Gaysorn Village，沿Ratchaprasong Walk天橋走，過了Arnoma Hotel及Big C，再直行到十字路口，水門街轉左便是。

INFO

地址：813/8 Phetchaburi Rd, Khwaeng Thanon Phaya Thai
電話：02-653-9333　**營業時間**：8am-6pm
網頁：http://krungthongplaza.com

Phloen Chit

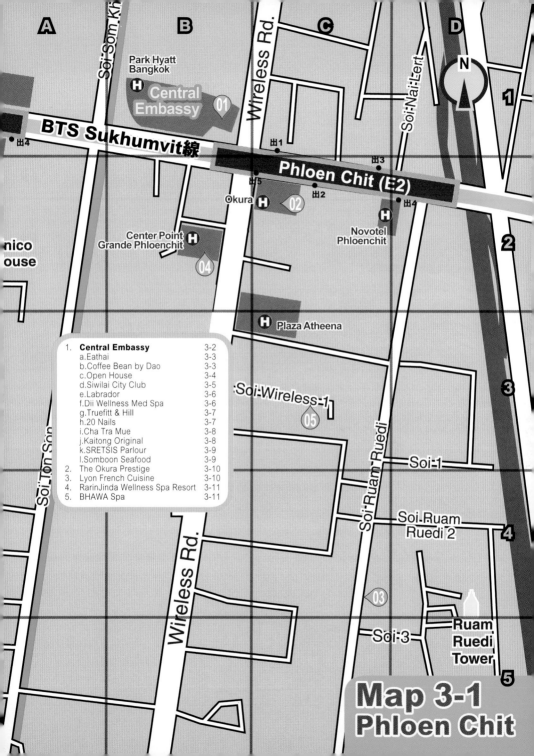

A   B   Wireless Rd.   C   D

N

Park Hyatt
Bangkok

Soi Som Kh

Soi Nai Lert

H Central
Embassy   01

1

出4

BTS Sukhumvit線

出1

Phloen Chit (E2)

出3

2

出5

Okura H   02

出2

出4

nico
ouse

Center Point
Grande Phloenchit H

04

Novotel
Phloenchit H

2

H Plaza Atheena

Soi Wireless-1

05

3

Soi Ton Son

Soi Ruam Ruedi

Soi-1

Soi Ruam
Ruedi 2

4

03

Wireless Rd.

Ruam
Ruedi
Tower

Soi-3

5

Map 3-1
Phloen Chit

Siam
Chitlom
Ploenchit
Asok
PhromPhong
ThongLor
Ekkamai
Udom Suk
Victory Monument
Mo Chit

~ *Central Embassy* ~

Central 又一大商場　**MAP 3-1/B1**　**01**

Central Embassy

 BTS Phloenchit站5號出口天橋直達商場。

　　作為泰國最大的百貨商場集團Central百貨旗下的Central Embassy，在BTS Phloenchit站，與另一個Central集團的商場Central Chit Lom相鄰，形成了Central World、Central Chidlom、Central Embassy三位一體的超級大商圈。商場樓上是六星級超豪華酒店柏悅，吸引不少人到商場購物。而餐廳則是以泰國Boutique式餐廳為主，有情調有gimmick，走中上路線。

　　如果想體驗異國美食也有很多選擇，像是第一間登陸泰國的日本一風堂拉麵、法式甜品Paul，有名的建興seafood等等，任君選擇。更有趣的是他們的超市，只賣Made in Thailand商品，有食品、手信以及有機護膚品，全是有質素的泰國產品。

INFO
地址：1031 Phloenchit Road, Pathuwan
電話：02-119-7777
營業時間：10am-10pm
網頁：www.centralembassy.com

Made in Thailand的食與買

Eathai

1a

　　商場地下分兩部分，一是類似超級市場的購物地帶，全是賣泰國本地貨，如食品、商品及日用品等等；另一部分則是分為4個區的food court，有泰國中部、南部、北部和東北部的食物，除按地段劃分食物，也有檔口賣齋菜和海鮮，各種食物都有。

　　在一個五星級商場的food court食飯，賣的是服務，當然會比一般food court貴。入場後會派給你一張面值1,000銖的卡，購物時可直接扣數。當你落了order後，只要交低你手中的飛，服務員會把食物送到你面前。

INFO
地址：LG/F
電話：02-119-7777 內線2101

全日供應afternoon tea

Coffee Bean by Dao

1b

Coffee Bean by Dao 的餐廳在不同的商場都有分店，但提供全日服務的afternoon tea只有Central Embassy及Central World才有，他們的afternoon tea價錢是750銖1 set供2人享用，全日供應。

INFO
地址：3/F
電話：02-160-5658 to 9
網頁：www.coffeebeans.co.th

Siam
Chitlom
Ploenchit
Asok
PhromPhong
ThongLor
Ekkamai
Udom Suk
Victory Monument
Mo Chit

全新文青地

Open House `1c`

Central Embassy 的6/F，最近裝修完成，這個新區域名為Open House。內裡的裝修採用簡約風，樓底差不多有兩層樓高，除了共14間open sapce的餐廳及cafe外，還有藏書量達2萬幾本的書店，大家可以隨手拎上翻看。

最有趣的是這裡有一個Open Playground，小朋友可以免費在這個大山坡上跑玩跳追，現場更有專人看顧小孩，家長們可以放心。

若你想舒適地度過一個寧靜的下午，或變成文青女神，不妨來Embassy 6/F跑一趟！

INFO
地址：6/F
電話：02-119-7777
營業時間：10am-8pm
網頁：www.centralembassy.com/anchor/openhouse

Siam
Chitlom
Ploenchit
Asok
PhromPhong
ThongLor
Ekkamai
Udom Suk
Victory Monument
Mo Chit

1d

空中沙灘

Siwilai City Club

聽到名字以為會員only，但其實普通人都可以進入。這裡分開數個地帶，有私家地帶、快餐地帶、食fine dining地帶、飲酒談天的地帶，而且也有分為室內、室外的地帶。

室外地帶是以沙灘為主題，而且每星期定時會有露天電影院送上，或者有歌手現場表演；若你怕熱，可以到室內冷氣地帶，有供應飲料和食物。

如想找一些另類的天台餐廳，可以考慮這裡，且消費都不算貴。

INFO
地址：5/F, Central Embassy
電話：02-160-5631
營業時間：11am-12mn
網頁：www.facebook.com/siwilaicityclub
收費：主菜700銖左右/位；小吃輕食400銖左右/位

皮革精品

Labrador `1e`

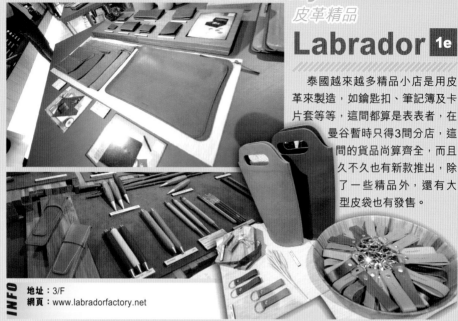

泰國越來越多精品小店是用皮革來製造，如鑰匙扣、筆記簿及卡片套等等，這間都算是表表者，在曼谷暫時只得3間分店，這間的貨品尚算齊全，而且久不久也有新款推出，除了一些精品外，還有大型皮袋也有發售。

INFO
地址：3/F
網頁：www.labradorfactory.net

可能是曼谷最高級的*Spa treatment*店 `1f`

Dii Wellness Med Spa

Dii Wellness是Divana旗下的一間分店，就在Central Embassy內，是唯一一間Spa店，十分有份量且走高檔路線。

Dii Wellness還有一個獨家療程「Empress of the Sea」，療程時間5小時，從頭到腳也幫你美容、按摩和護理，叫得做「Empress of the Sea」價錢自不會便宜，要22,500泰銖。

此外，亦有Anti-aging，Rejuvenate，Detoxify等不同Treatment，基本上是一間美容院多過Spa。

INFO
地址：4/F
電話：02-160-5850
營業時間：10am-11pm
網頁：www.dii-divana.com

左側標籤（由上至下）：Siam、Chitlom、**Ploenchit**、Asok、PhromPhong、ThongLor、Ekkamai、Udom Suk、Victory Monument、Mo Chit

英式紳士理髮店
Truefitt & Hill 1g

　　剛進駐曼谷及來自英國的Truefitt & Hill理髮店，它是健力氏紀錄裡最老牌理髮店的代表，在1805年時，這間理髮店專為鍾愛英國紳士形象的人提供造型服務。

　　店舖的負責人說，曼谷分店在設計方面傳承了英國總店的設計理念，但也加進部分本地色彩。客人無論是甚麼年齡和甚麼信仰都好，最重要是有與生俱來的男子氣概，這點他們可以幫到你。

INFO
地址：4/F
電話：098-363-6146
營業時間：10:30am-8pm
網頁：www.truefittandhillthailand.com/contact/#embassy-place

著名泰國女藝人經營的指甲店
20 Nails 1h

　　這間手甲店的老闆是泰國著名的女藝人，他們的分店開了很多間，這間算是旗艦店，主要做指甲護理，價錢約1,000-3,800銖不等，可將不同種類的卡通公仔等創意藝術置於指甲上，說得上是有規模的指甲護理店。

INFO
地址：4/F
電話：02-573-7172
營業時間：10:30am-9pm
網頁：www.facebook.com/20nailstudio/

Siam
Chitlom
Ploenchit
Asok
PhromPhong
ThongLor
Ekkamai
Udom Suk
Victory Monument
Mo Chit

Siam
Chitlom
Ploenchit
Asok
PhromPhong
ThongLor
Ekkamai
Udom Suk
Victory Monument
Mo Chit

茶飯不思
Cha Tra Mue

1i

早幾年想飲手調泰式奶茶，真的要來泰國才可以喝到；如今香港也有六間分店，想飲都隨時有。不過始終物離鄉貴，在曼谷原地喝奶茶，價錢平一點之餘，也是喝回那份風味。

INFO
地址：4/F
電話：02-673-2360
網頁：www.centralembassy.com/store/chatramue/

最愛金雞
Kaithong Original

1j

香港的朋友常稱這間泰菜餐廳為「金雞餐廳」，如今已由昔日一間小店變成4間分店的米芝蓮推介餐廳，著名的香蒜胡椒炒豬肝更是他們的招牌菜。第二代主理人 Khun Nu-Saengarun Montriwat 亦已經開始接手，並將新潮的概念注入餐廳，Central Embassy 就是最新的分店。裝修全白，用上許多弧線修飾，感覺像一艘太空船。吃的東西卻保留傳統，依舊美味，但同時間推出另一甜品部「The Dessert by Kaitong Original」，主打刨冰，口味有近12款之多，總有一款合你心意。

INFO
地址：3/F
電話：02-160-5865
網頁：www.centralembassy.com/store/kaithong-original

夢遊仙境
SRETSIS Parlour

愛麗斯夢遊仙境是許多女生的fancy fairytale，其相關衍生的產品也是女生爭相搜羅的精品。Central Embassy 這裡有一家專售愛麗斯夢遊仙境精品的店舖，產品由枱布、咕臣、茶杯及瓷碟都有。舖面不大，但勝在貨品精美，其他地方也找不到的。

INFO
地址：2/F
電話：02-160-5875
營業時間：10am-10pm
網頁：https://sretsis.com

我要真建興
Somboon Seafood

建興酒家在泰國有很多分店，較新的店舖除了在 Siam Square 裡的一間外，還有在 Central Embassy 的這間，裡面提供的食物及價錢跟其他分店都一樣，這間特色是交通方便，乘BTS 去到 Phloenchit 站一落車入到商場內便找到，環境優雅，兼且這間店人流較少，如想光顧 Somboon Seafood 又不想太多人要等位的話，可來這間分店。

INFO
地址：5/F
電話：02-160-5965
營業時間：11am-10pm (L.O. 9pm)
網頁：www.centralembassy.com/store/somboonseafoodt

Siam
Chitlom
Ploenchit
Asok
PhromPhong
ThongLor
Ekkamai
Udom Suk
Victory Monument
Mo Chit

Siam
Chitlom
Ploenchit
Asok
PhromPhong
ThongLor
Ekkamai
Udom Suk
Victory Monument
Mo Chit

日本五星酒店下做竹筒按摩 **MAP 3-1/C2**

The Okura Prestige 02

🚗🚌 BTS Phloenchit站2號出口旁有通道。

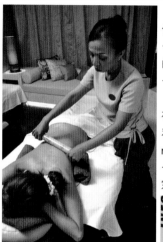

The Okura Prestige 的位置在 BTS 站有天橋連接一間名為 Park Ventures 的商業大廈，而地下則是一個通往酒店的入口。

Lobby 在24樓，同層有景色也不錯的露天餐廳和人氣高的日本品牌 Ya-mazato 山里餐廳，是它第一次來到泰國，吃的是正宗日本菜。

INFO
地址：57 Wireless Road, Lumpini, Pathumwan
電話：02-687-9000
網頁：www.okura-nikko.com/thailand/bangkok/the-okura-pres-tige-bangkok

非典型法國餐廳 **MAP 3-1/C4** **03**

Lyon French Cuisine

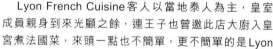

🚗🚌 BTS Phloenchit站6號出口，行至Novotel Phloen Chit酒店旁的 Soi Ruam Rudee，再直行約8分鐘，All Season Place 對面。

Lyon French Cuisine 客人以當地泰人為主，皇室成員親身到來光顧之餘，連王子也曾邀此店大廚入皇宮煮法國菜，來頭一點也不簡單，更不簡單的是 Lyon French Cuisine 已連續九年榮獲全曼谷最佳法國菜大獎。除了正宗法國菜外，更具備只此一家的非典型法菜，如煮牛肚、煎豬腦、牛仔腰及兔肉等，別處難尋。

INFO
地址：63/3 Soi Ruam Ruedi, Khwaeng Lumphini
電話：02-253-8141
營業時間：11:30am-2pm；6:30pm-10pm
網頁：www.facebook.com/lyonfrenchcuisinebkk

第一間天台Spa MAP 3-1/B2　`04`

RarinJinda Wellness Spa Resort

🚗🚌 BTS Phloenchit站5號出口，經行人天橋過對面馬路，落到地面，面向馬路往右行。

　　RarinJinda在Spa界享負盛名，有如勞斯萊斯級的地位。在泰國的清邁和Four Season酒店旁的Grande Centre Point酒店裡都有分店，而這間旗艦店是3間RarinJinda中最大的一間，裡面猶如迷宮一樣，他們將首層全層打通用來做Spa房，而上層有半層亦做了Spa地方，進去後就像迷宮一般，又上又落，有部分是房間，有部分是客廳，亦有部分是售賣產品的地方。

INFO
地址：30/F, Grande Centre Point Phloenchit Hotel 100 Wireless Road
電話：02-651-5225
營業時間：10am-12mn
網頁：www.rarinjinda.com/spa

曼谷六房美麗小屋　MAP 3-1/C3

BHAWA Spa　`05`

🚗🚌 在Okura酒店正門面向馬路向左行過了Plaza Athenee酒店再前行見巷直入。

　　曼谷剛剛在Phloenchit BTS站近Plaza Athenee酒店的小巷內開了間小型Spa，這間Spa由住宅小屋改建而成，分為3層，總共6間房，每間房面積很大。

　　Treatment價錢由2,000銖2小時至6,000銖3小時不等；而且不是一般推油，而是會採用一些蜜糖、骨膠原和泰式香料來做，可以說是一般Spa以外的選擇。

INFO
地址：83/27 Witthayu Road, Lumpini
電話：02-252-7988
營業時間：10am-11pm (last booking 9pm)
網址：www.bhawaspa.com

Siam
Chitlom
Ploenchit
Asok
PhromPhong
ThongLor
Ekkamai
Udom Suk
Victory Monument
Mo Chit

醉完就瞓

Map 4-1/A1

Nest

BTS Nana站1號出口徒步約7分鐘

Nest餐廳連酒吧位於Le Fenix酒店上，以鳥巢為名，只因他們的座位都是供人客在上面，似足鳥巢般。特別在泰國的十一月，天氣清涼又無雨水，在此曬月光，非常舒服。場內有DJ打碟，氣氛良好，而且沒有dress code限制，隨時想玩就玩。

INFO
地址：9/F Le Fenix Hotel, 33/33 Sukhumvit Soi 11
營業時間：6pm-2am
網頁：http://lefenixbangkok.com/nest-rooftop

曼谷裡的布吉菜

Prai Raya Phuket Cuisine

BTS Nana站4號出口徒步約5分鐘

來自布吉的Raya餐廳，這間餐廳在布吉島已經有很長歷史，現在Suhumvit的Soi 8之上有個大花園，內有半露天式空間，所食的是正宗布吉菜，即是南部菜。布吉菜在曼谷的選擇不多，較大較易去的就是這間。

Google Map

INFO
地址：59 Sukhumvit Road, Soi Sukhumvit 8
電話：091-878-9959
營業時間：11am-10:30pm
網頁：www.facebook.com/PraiRayaPhuket

BTS旁最新機場式大商場

Terminal 21 `03`
Map 4-1/C3

BTS Asok站1號及3號出口直達

　　整個商場的構思和設計都有點像曼谷國際機場，所以這個商場就叫Terminal 21。但要留意，每層是以商品來作分類，而不是出口地方，故日本的幪面超人 tee 是在 London 的那層。

　　值得一提的是，每層的設計和保安著的制服都與該地方主題有關，甚至廁所，故不少當地人及外國人都會在這裡的廁所影相留念。

INFO

地址：3/F, 3067　**電話：**097-328-9184
營業時間：10am -10pm
網頁：www.terminal21.co.th/asok/

Siam
Chitlom
Ploenchit
ASOK
PhromPhong
ThongLor
Ekkamai
Udom Suk
Victory Monument
Mo Chit

Siam
Chitlom
Ploenchit
ASOK
PhromPhong
ThongLor
Ekkamai
Udom Suk
Victory Monument
Mo Chit

按摩完返上房瞓大覺

Let's Relax `3a`

商場6樓有香港人很熟悉的Let's Relax Spa，這間是同名Spa中佔地最大的一間分店，分了15間Treatment房。這裡還提供一些熱石按摩、腳部按摩、手部按摩和泰式按摩等。Spa在晚上12時關門，Centre Point酒店人客在此時可通過特別通道往Grand，十分方便。

因為此店極多人book，故店方只接受網上預訂，walk-in或電話預定均不受理。

INFO
地址：6/F　電話：02-108-0555
營業時間：10am-12mn
網頁：letsrelaxspa.com/branch/terminal-21

28銖起一碟飯的Food court

Pier 21 `3b`

Food court佔地大，環境優雅，食物選擇很多，包括泰中美日及各式甜品等，價錢相宜，40銖起就有交易，可能是全曼谷最平的一個Food court。當然，一分錢一分貨，不要指望份量很大，以海南雞飯為例，份量適合不太大食的朋友。

特別要介紹這裡的代金卡，這間的代金卡可用足三個月，暫時來說全曼谷只有這裡有如此服務。

INFO
地址：5/F
電話：02-108 0888
營業時間：10am-10pm
網頁：www.terminal21.co.th

百吃不厭
Savoey Seafood

3c

不用多講，Savoey Seafood的泰菜，價錢合理，店舖又就腳，味道更是水準之上，一個旅程吃兩次不足為奇。招牌菜燒大河蝦、原條青檸鱸魚和咖喱蟹更是百吃不厭。

INFO
地址：5/F
電話：064-017-0237
營業時間：HHam-HHpm
網頁：www.savoey.co.th/terminal-21-asok

東南亞最大五星級醫院
Bumrungrad International

04

BTS Nana站1號出口，面向馬路轉右直走，到Soi 3再轉入；建議轉乘的士。

Bumrungrad International（康民醫院）是東南亞最大的私家醫院，康民醫院最大特色，是私家房特別多，乾淨衛生。

地下及2樓更有多間餐廳、咖啡廳、快餐店、書店、花店、精品禮物店、服裝店、化妝品店、理髮廳、健身室、旅行社，衣食住行應有盡有。

Google Map

INFO
地址：33 Sukhumvit Soi 3 Khlong Toei Nuea, Wattana
電話：02-066-8888；急症室 02-011-5222
營業時間：24小時
網頁：www.bumrungrad.com

Siam
Chitom
Ploenchit
Asok
PhromPhong
ThongLor
Ekkamai
Udom Suk
Victory Monument
Mo Chit

食飯做善事 **Map 4-1/B3** `05`

Cabbages & Condoms

🚎 BTS Asok站2號出口，過了「Lavana Massage」後，2分鐘便到達。

這店其實我當年已介紹過，再介紹的原因，因為我覺得甚有意思，店主説這裡每日的收入，扣除一般開支後，其餘的會用作慈善用途。店內有安全套和避孕藥作布置及裝飾，其實店主這樣的布置並非為噱頭，而是推廣安全性愛的使命。

餐廳主打泰菜，價錢中等，新加設了花園區、酒吧區和按摩區。

INFO
地址：10 Sukhumvit Soi 12, Sukhumvit, Klongtoey
電話：02-229-4610
營業時間：11am-11:00pm（L.O.10:30pm）
網頁：www.pda.or.th/restaurant

Disco變Spa **Map 4-1/B3** `06`

Lavana Spa（禪）

🚎 BTS Asok站2號出口，在King & I spa旁，有條小巷，直入3分鐘便看見，在右邊。

因前身是 Disco 的關係，故面積比其他的 Spa 地方較大。Lavana Spa用來按摩的精華油是熱油，最受歡迎是泰式草藥球，有專人即叫即做，更可依你喜愛做出不同味道的草藥球。因為面積較大的關係，所有房間都有獨立浴室，而按腳的地方也有獨立房，可謂空間感十足。

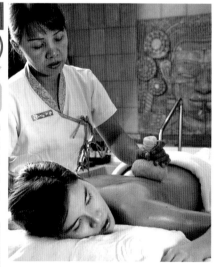

INFO
地址：No.4 Soi Sukhumvit 12 Sukhumvit Road
電話：02-229-4510
營業時間：9am-12mn
網頁：www.lavanabangkok.com

Siam

Chitlom

Ploenchit

ASOK

PhromPhong

ThongLor

Ekkamai

Udom Suk

Victory Monument

Mo Chit

全新最大間　**Map 4-1/B1** 07

Divana Nurture Spa

BTS Nana站1號出口徒步約7分鐘

　　泰國曼谷Spa品牌Divana一向走高檔風格，自開業至今已有多間分店。Nurture Spa儘管位置有點遠離BTS站，但該店會安排duk-duk於Terminal 21和Phloen Chit等 地

方接送乘客。而旗艦店的房間數量亦比其他分店多，房間內更設有兩個大型的蓮花浴缸讓你浸浴。

INFO
地址：771 Sukhumvit 11, North Klongtoey, Wattana
電話：02-651-2916
營業時間：11am-11pm；星期六日10am開始（最後預訂時間8pm）
網頁：www.divanaspa.com/NurtureSpa

無敵靚廚秘魯菜　**Map 4-1/A1**

Above Eleven 08

BTS Nana站1號出口徒步約7分鐘

　　餐廳位於34樓，進入餐廳的位置較隱蔽，在 Service Apartment 的後門旁邊。門口具田園色彩，鋪滿人造草，令你如置身花園一樣。跟一般露天餐廳不同，它旁邊圍的是強化玻璃和不太顯眼的窗框，乍眼看過去以為是無遮擋的視線。價錢相宜，環境有特色，還有DJ打碟。

INFO
地址：33/F, Fraser Suites Sukhumvit, Sukhumvit Road, Soi 11
電話：02-038-5111
營業時間：6pm-2am
網頁：www.aboveeleven.com

最方便的大型按摩中心　**Map 4-1/C2**

Health Land `09`

> 🚗 BTS Asok站3號出口，沿Sukhumvit 21 Rd大馬路步行約6分鐘，在魚翅店路口左轉，在Fusion Suite Hotel對面。

說到最受泰人歡迎的Spa & Massage地方就是Health Land，地方大價錢相宜，分店越開越多，最新一間就在Fusion Hotel對面，內有Spa treatment房及超大水力按摩缸，亦有專業醫師替人客作按摩，但要預約。

INFO
地址：55/5 Sukhumvit 21 Rd.（Asoke），Khlongtoeinuea, Wattana
電話：02-261-1110
營業時間：9am-12mn
網頁：www.healthlandspa.com

有意大利菜供應的泰國餐廳　**Map 4-1/C2**

Madam Saranair `10`

> 🚗 BTS Asok站3號出口，沿Sukhumvit 21 Rd大馬路步行約6分鐘，在魚翅店路口左轉即見。

在Sukhumvit區Asok BTS站後面的這間泰國餐廳，最搞鬼的是這裡有意大利菜供應。

原因是餐廳老闆在同一條街開了3間舖，這間餐廳命名為「薄荷葉女士」，隔鄰的那間叫「大媽媽」，對面的則是西班牙菜餐廳，所以在這間薄荷葉女士餐廳幫襯的客人，可以order大媽媽的意大利菜，而在大媽媽餐廳也可以order泰國菜，一舉兩得。

菜式價錢不算太貴。午飯時店內座無虛席，附近的白領也愛來這裡開餐用膳。如果遊客們想繁忙時段來食飯，最好先訂位，泰菜餐廳環境好，味道不錯。

INFO
地址：139 Asok Soi 1, Sukhumvit 21, Khiongtoey Nua, Wattana
電話：02-661-7984
營業時間：11am-9:30pm
網頁：www.facebook.com/madam.saranair.bangkok

Siam
Chittom
Ploenchit
Asok
PhromPhong
ThongLor
Ekkamai
Udom Suk
Victory Monument
Mo Chit

最舊泰國餐廳　Map 4-1/C2

The Local 11

🚗 BTS Asok站3號出口轉乘的士約10分鐘。

一片空地上有兩間打通了的古舊大屋，用來做泰國菜餐廳，裡面食的並非一般的冬陰功和炸蝦餅這麼簡單，而是一些老派泰菜。菜式的構思由店主引經據典從圖書館裡找回來，將一百年前泰國人所食的菜譜重現眼前，供大家品嘗。

裡面也有分幾間不同主題的古典情懷廂房。食物方面有創意，例如冬蔭功雞尾酒、香茅凍茶。新舊交融，如果食厭了一般的泰菜都可來此試試這些古舊泰菜。環境亦值得影相留念。

INFO
地址：32 Soi Sukhumvit 23（Soi Prasarnmit）, Klong Toey Nue, Wattana
電話：02-664-0664
營業時間：11:30am-2:30pm；5:30pm-11pm
網頁：www.thelocalthaicuisine.com

神秘古巴風情酒吧　Map 4-1/A1

Havana Social 12

🚗 BTS Nana站3號出口轉乘的士約5分鐘

話說在曼谷 Nana BTS 站旁的一條隱秘小巷裡，有個神秘的地方。門口是個電話亭模樣的地方，每逢夜晚都有人出出入入，但其實是一家酒吧！

酒吧以1940年代古巴懷舊風格做主題，除了牆上充滿社會主義味道的革命海報和裝飾，最貼近古巴味道的就是二樓的雪茄吧！Havana Social 逢星期五六日更有現場樂隊演奏！逢星期五六入場費300銖送一杯飲品，平日則不設入場費，逢星期四還有 ladies night。

入場有 dresscode，背心短褲拖鞋恕不接待。

INFO
地址：1/1 Sukhumvit Rd. Soi 11　　**電話**：06-1450-3750
營業時間：6pm- 翌晨2am
網頁：www.facebook.com/havanasocialbkk

Siam
Chitom
Ploenchit
Asok
PhromPhong
ThongLor
Ekkamai
Udom Suk
Victory Monument
Mo Chit

BTS Asok站旁的簡潔Spa

Urban Retreat Spa 13

Map 4-1/C3

🚗🚌 BTS Asok站4號出口旁。

Urban Retreat Spa有兩間分店，而Asok分店是面積最大和投資最多的一間，店內採用皇宮式設計，卻實而不華。地點就在BTS Asok站4號出口的樓梯旁，十分方便。店的格局走簡單、無Gimmick路線。整間Spa地方很大，可容納60人一起做Treatment。

INFO
地址：348/1 Sukhumvit Road
電話：02-229-4701
營業時間：10am-10pm
網頁：www.urbanretreatspa.net

私房按摩

湯元Spa 14

Map 4-1/D3

🚗🚌 BTS Asok站3號出口，沿Sukhumvit 21 Rd大馬路步行約6分鐘至Soi 31，轉入再行約6分鐘至十字路口。

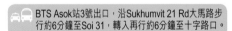

地方雖細，但私隱度極高，主力玩「私房Onsen」——意思指私家包房。全店只有兩間大房，每房可供一對情侶／夫婦共享溫泉浴及按摩。45分鐘的Private Onsen and Himalayan Salt Sauna情侶二人價都只是2760銖；如果想簡單一點，兩小時的傳統泰式按摩也只是每位1890銖，兩口子自私天地，不受外人打擾，多好！

INFO
地址：29 Soi Sukhumvit 31
電話：02-029-9783
營業時間：10am-10pm
網頁：www.yumotospabangkok.com

曼谷大公園

Benchakitti Forest Park

Siam

Chitom

Ploenchit

Asok

PhromPhong

ThongLor

Ekkamai

Udom Suk

Victory Monument

Mo Chit

Map 4-1/B4 15

 MRT Queen Sirikit National Convention Centre站徒步5分鐘或Asok站轉乘的士約3分鐘。

　　曼谷市政府終於將這塊前身是泰國煙草公司的廠房大地皮重新修整成公園,讓大眾享用。公園本於2004年開放,本意是慶祝 Queen Sirikit 72歲壽辰,不過由於公園的修整工程進度極慢,第一階段的發展至2016年才告完成;第二及第三階段其實也只是剛剛於2022年完成。

　　公園範圍極大,除了喬木園林外,還有人工濕地;除了消閒觀賞作用外,還是一個用作收集曼谷市雨水的集水系統,減輕大雨期間市內水浸的機會。

　　園區內建有一組全長2公里的發光架空散步道,圍繞在這片濕地之上。無論賞景或打卡都是一流。大量綠油油的草地任坐,放張膠蓆就可以來個簡單野餐。

INFO
地址:Lake Ratchada, Queen Sirikit National Convention Centre
營業時間:4:30pm-9:00pm

Siam
Chitom
Ploenchit
Asok
PhromPhong
ThongLor
Ekkamai
Udom Suk
Victory Monument
Mo Chit

綠色天台

Map 5-2/B3 01

ABar @ Marriott Marquis Queen's Park

BTS Phrom Phong站6號徒步約9分鐘。

酒吧大部分是室外位置，室外像花園式清新風格，用餐位置以至調酒吧台的屋頂位置，都擺放了不少綠色植物作裝飾，感覺猶如一個歐陸式的 garden party 一樣。沒有特定的 dress code，不踢人字拖相信不會被拒的。

INFO
地址： 199 Sukhumvit Soi 22
電話： 02-059-5999 **營業時間：** 5pm-1am
網頁： www.abarrooftopbangkok.com

同系出品：
Sirimahannop @ Asiatique

酒店其實已經將其勢力範圍拓展至Asiatique夜市這艘仿古船上。精緻的裝修，臨河用餐，的確極具風味。餐廳分上下層，上層是Open Space，下層是室內用餐區。星期六日一定爆滿，出發前最好預先訂位。

INFO
地址： Asiatique Charoenkrung
Soi 72-76 , Charoenkrung Road
電話： 02-059-5999 **營業時間：** 4pm-12m
（L.O.：用餐10:30pm；飲品11:30pm）
網頁： www.sirimahannop.com
訂位： restaurant-reservations.bkkqp@
marriotthotels.com

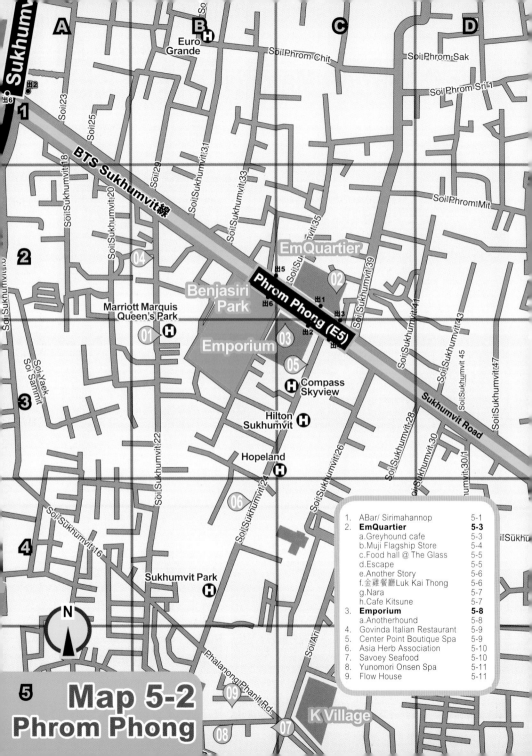

A **B** **C** **D**

Sukhumvit

Euro
Grande

Soi Phrom Chit

Soi Phrom Sak

Soi Phrom Sri 1

1

BTS Sukhumvit線

Soi23
Soi25
Soi29

Soi Sukhumvit 18
Soi Sukhumvit 20
Soi Sukhumvit 31
Soi Sukhumvit 33

Soi Phrom Mit

2

04

Soi Sukhumvit 35

EmQuartier

Soi Sukhumvit 39

Phrom Phong (E5)

02

Soi Sukhumvit 41
Soi Sukhumvit 43
Soi Sukhumvit 45
Soi Sukhumvit 47

Benjasiri
Park

5

1
3
2

Marriott Marquis
Queen's Park

01 H

Emporium

03

Soi Yaek
Soi Sammit

3

05

Sukhumvit Road

Compass
Skyview

H

Hilton
Sukhumvit

H

Soi Sukhumvit 22

Hopeland

H

Soi Sukhumvit 24

Soi Sukhumvit 26

Soi Sukhumvit 28

Soi Sukhumvit 30

Soi Sukhumvit 30/1

Soi Sukhu

4

06

Soi Sukhumvit 16

Sukhumvit Park

H

Soi Ari

N

Phalanong Phanit Rd.

09

K Village

08

07

5 Map 5-2
Phrom Phong

1. ABar/ Sirimahannop	5-1
2. **EmQuartier**	**5-3**
a.Greyhound cafe	5-3
b.Muji Flagship Store	5-4
c.Food hall @ The Glass	5-5
d.Escape	5-5
e.Another Story	5-6
f.金雞餐廳Luk Kai Thong	5-6
g.Nara	5-7
h.Cafe Kitsune	5-7
3. **Emporium**	**5-8**
a.Anotherhound	5-8
4. Govinda Italian Restaurant	5-9
5. Center Point Boutique Spa	5-9
6. Asia Herb Association	5-10
7. Savoey Seafood	5-10
8. Yunomori Onsen Spa	5-11
9. Flow House	5-11

三一曼能商場

EmQuartier `02`

Map 5-2/C2

BTS Phrom Phong站1號出口直達。

Emporium集團對Phrom Phong似乎情有獨鍾，由最初的Emporium，發展到現在開設大型旗艦級購物商場EmQuartier。整個商場主要分開兩部分：Waterfall及Helix。Waterfall主打名貴高檔品牌，另設超市及地庫的大眾化food court。至於Helix，則主打飲食消閒。想找吃的，就直接去Helix好了。

Water Garden設於The Helix Quartier 5樓商場外，這種意念在泰國是很新的概念，在傍晚時分更有另一番景象，遊人可欣賞商場以外的景色，流水淙淙，心曠神怡。

Modular Rope Course (只供4-12歲兒童又要身高過100厘米和重量不超過70千克才能玩) 一張票可玩兩次。

Water Garden內還設有個Urban Adventure玩樂地帶，上午11時至下午9時開放，分為兩種玩意，每個玩意都是250銖一位。

INFO
地址：693,695 Sukhumvit Klongton Nua, Wattana
電話：02-269-1000
營業時間：10am-10pm
網頁：www.emquartier.co.th

全新意念4合1

Greyhound cafe EmQuartier

Greyhound的起家是時裝而非餐飲，在曼谷一些商場內既有Greyhound cafe餐廳，也有它的服裝店賣衫。而這家分店是全新4合1概念，它是唯一一間同時有衫賣、有食物、有調酒味的雪糕雪葩和提供外賣服務的Greyhound cafe，後兩者更是第一次出現在它們的餐廳。

INFO
地址：Q2C2
電話：02-003-6660
營業時間：11am-10pm
網頁：www.greyhoundcafe.co.th/branch/emquartier/

Siam

Chitom

Ploenchit

Asok

PhromPhong

ThongLor

Ekkamai

Udom Suk

Victory Monument

Mo Chit

~ EmQuartier ~

Siam
Chitlom
Ploenchit
Asok
PhromPhong
ThongLor
Ekkamai
Udom Suk
Victory Monument
Mo Chit

泰大旗艦店
Muji Flagship Store

2b

曼谷EmQuartier最新開設的旗艦店實在非常大，佔地1,500平方米。全曼谷有三間無印設有Muji Cafe，這裡是最新的一店，除了咖啡甜點外，還有一個Bakery Zone出售預先包裝的西餅麵包。

另外較特別的是這裡有提供刺繡服務，凡衣服布袋之類，都可以額外選用刺繡服務，圖案當然是富泰國色彩的啦！

INFO
地址：2/F, Glass Quartier (Building B)
電話：02-258-8990　營業時間：10am-10pm
網頁：www.facebook.com/muji.thailand/

主餐甜品一應俱全
Food hall @ The Glass Quartier

2c

The Glass Quartier 地下B層也有一個Food Hall，人流較少，比較好逛。Food hall內有很多不同的食店進駐，例如SWENSENS、Softree、清邁Dhara Dhevi和Au bon pain等等，從主餐至甜品一應俱全。就連「豪大大雞排」也有設店，英文名為「Hot-Star Large fried Chicken」，經過的朋友不妨試試泰版雞排，看看哪派惹味一點！

INFO
地址：B/F, The Glass Quartier
電話：66-02-2691000
營業時間：10:00am-10:00pm

5樓都當天台
Escape **2d**

共分開四部份，The Sail是半露天的Causual Bar；ELLIPSE BAR則有DJ打碟助興；THE TENT就主打雞尾酒及紅白酒；THE TERRACE就是露天餐廳。

這家酒吧餐廳較多中產的泰國人光顧，所以質素應該有保證。食物價錢不算超級貴，而且也沒有最低消費，飲杯汽水食個mini burger都可以算是一餐。

INFO
地址：5/F, Emquartier, the Helix Building
電話：02-003-6000
營業時間：5:00am-12:00mn
網頁：www.escape-bangkok.com

Siam
Chitlom
Ploenchit
Asok
PhromPhong
ThongLor
Ekkamai
Udom Suk
Victory Monument
Mo Chit

~ EmQuartier ~

泰精緻家品

Another Story 2e

　　位於Water Garden的4樓，主要出售本地和外國的精品設計師設計的精品產品，有點像香港Loft的模式。

INFO
地址：4/F
電話：02-003-6660
營業時間：10am-9pm
網頁：www.facebook.com/AnotherStoryOfficial

又一小店上大場

金雞餐廳Luk Kai Thong 2f

　　本身在Muangthon Thani有間總店，在Siam Paragon有間小店，最新的就在Em Quartier的商場中有間較大的餐廳，所吃的是住家式的中泰菜。

　　這間餐廳的老闆娘自小就很愛煮，煮到很多人都光顧她，於是就開了間餐廳，之後還嘗試在香港發展，連兒子也在香港幫她，所以便越做越出名。

INFO
地址：Q6A-6, 6/F
電話：02-003-6301
營業時間：10am-10pm
網頁：www.lukkaithong.com

~ EmQuartier ~

香港也有分店的特色泰菜

Nara `2g`

曼谷 Em Quartier 商場內，座位分了兩邊，一邊是在行人通道旁，可以坐近欄邊欣賞商場裡面的流水瀑布；另一邊就在餐廳內。而每個座位上都有一個按鈕，要叫服務生按一下按鈕就可以。餐廳在食品和服務方面都不斷改良。

這餐廳更有他們出品的冬蔭功味果仁、榴槤味蛋卷、泰式青咖喱味花生等。食物方面經常有很多具創意的食品。

> **INFO**
> 地址：Q7A-15, 7/F
> 電話：02-003-6258
> 營業時間：11am-10pm
> 網頁：www.naracuisine.com

可愛小狐狸

Cafe Kitsune `2h`

招牌大大隻字寫明 Paris，但其實是法國和日本的合作店家——Maison Kitsune。由這隻小狐狸擔任其吉祥物，也算稱職，因為店家形象相當跳脫活潑，這邊賣時裝，那邊又賣生活精品。用色較簡約，主路走黑白灰和卡其，低調得來又有性格。新店分兩部份，一邊是飲食，環境舒適，飲品也可口；另一邊是時裝精品零售，價錢中上，但質料頗好，對得起這個價錢。

> **INFO**
> 地址：G/F
> 電話：02-003-6167
> 營業時間：10:00am-8:30pm
> 網頁：https://maisonkitsune.com/mk/find-a-store/cafe-kitsune-bangkok

~ Emporium ~

Phrom Phong區大型百貨公司

Emporium `03`

Map 5-2/C3

🚗 BTS Phrom Phong站2號出口直達。

經重新裝修後的Emporium，感覺上耳目一新。商場部分除了仍然有一些國際品牌外，亦多了一些食肆，如BENZ汽車的cafe，以及新開的Anotherhound餐廳，這家Anotherhound比Greyhound更 加up-grade。

INFO
地址：622 Sukhumvit Road, Klongton
營業時間：10am-10pm

唯一無二的Afternoon tea

Anotherhound `3a`

這裡有Afternoon tea set供應，時間是每日下午2pm-5pm，價錢由750銖起。所食和一般酒店的普通Afternoon tea set不一樣，他們的糕點主要是來自Anotherhound的特色食物，尤其當中有一款是只有茶set才有，就是他們的迷你黑色漢堡包，中間有蟹肉，十分滋味。另外，港人很喜歡的單骨雞翼也提供在茶點內，不過它的做法不同Greyhound，是用蜜糖加蒜特製，味道很特別。

記住，下午茶只有Emporium的Anotherhound cafe才有。

INFO
地址：1/F
電話：02-664-8663
營業時間：11am-10pm
網頁：www.anotherhoundcafe.com

*Gluten Free*意大利齋餐廳

Map 5-2/B2 04

Govinda Italian Restaurant & Pizzeria

🚌 BTS Phrom Phong站6號出口徒步約7分鐘。

老闆是意大利人，由於自細很喜歡小動物，不忍心殺生，故餐廳命名為象神，正是覺得喜歡象神的人也和店主一樣不會傷害小動物。餐廳所食的清一色是齋類，但並不是傳統的齋菜，例如店內有炸豬扒、雞、pizza等等，這些都不是真材實料，是用Gluten Free及其他天然素食材做成素菜，色香味俱全，最重要的是價錢不貴。若你是食齋或需要Gluten Free餐食的朋友，不妨試試。

INFO
地址：6/5-6 Sukhumvit Soi 22, Sukhumvit Rd., Opposite Holiday Inn Hotel, Klongtoey
電話：02-663-4970
營業時間：12nn-2:30pm；6pm-10:30pm（逢周二休息）
網頁：http://govindarestaurantbkk.com

意泰式*Spa*

Map 5-2/C3 05

Center Point Boutique Spa

🚌 BTS Phrom Phong站 4 號出口，轉入Soi 24，徒步約 3 分鐘。

位於Phrom Phong的Center Point在Emporium的Soi 24街口，很近BTS站。雖然是泰式按摩及Spa店，但全店裝修走意大利式設計，令你有如置身於歐洲，每個擺設和裝修都花了不少心思。從地下的腳底按摩房，至樓上的泰式按摩房，甚至四、五樓的Spa房。

Treatment部分保留泰式草藥球、香薰精油按摩等，但價錢卻不昂貴，可説是意式感覺，泰式服務及價錢。

INFO
地址：2/16 Soi Sukhumvit 24, Sukhumvit Road
電話：02-663-6696
營業時間：10am-12mn（last booking 10:45pm）
網頁：www.centerpointmassage.com

Siam
Chitlom
Ploenchit
Asok
PhromPhong
ThongLor
Ekkamai
Udom Suk
Victory Monument
Mo Chit

正宗草藥球按摩　**Map 5-2/B4** `06`

Asia Herb Association

🚇🚗 BTS Phrom Phong站 4 號出口，轉入Soi 24，徒步約6分鐘。

Asia Herb Association 以傳統泰式按摩聞名，價錢相宜，泰式按摩1小時也只是600銖。早上 7 點到晚間12點營業，凌晨兩點關門，是全曼谷最夜關門的一間按摩店。比較特別的是AHA有提供4手按摩，價錢也只是1,100銖/60分鐘，相當經濟，不妨試試，是另一種享受喔！

INFO
地址：50/6 Sukhumvit soi 24, Klongtoey
電話：02-261-7401
營業時間：7am-2am（last booking 12mn）
網頁：www.asiaherbassociation.com

Phrom Phong的海鮮店　**Map 5-2/B5**

Savoey Seafood `07`

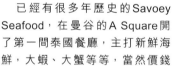

🚇🚗 BTS Phrom Phong站3號出口轉乘的士約5分鐘。

已經有很多年歷史的Savoey Seafood，在曼谷的 A Square 開了第一間泰國餐廳，主打新鮮海鮮，大蝦、大蟹等等，當然價錢不算超便宜，但也算是物有所值，除了海鮮外，還有其他的泰菜，顧客以中產人士居多。如你想吃真真正正的泰式海鮮，又不想被鋸到一頸血，這裡可不妨一試。

INFO
地址：1120/4 Soi Sukhumvit 26, Klongton, Klongtoey
電話：02-020-7462
營業時間：10:30am-9:30pm
網頁：www.savoey.co.th

Siam

Chitlom

Ploenchit

Asok

PhromPhong

ThongLor

Ekkamai

Udom Suk

Victory Monument

Mo Chit

一日式溫泉　　Map 5-2/B5 08

Yunomori Onsen Spa

BTS Phrom Phong站3號出口轉乘的士約5分鐘。

在 Sukhumvit Soi 26, K village 對面有一個名為 A Square 的泰國第一間日式溫泉兼 Spa，溫泉分男、女兩邊，進入時要跟足日本人的風俗，先要脫掉所有衣服，然後坐在一旁洗澡淋浴，才能泡溫泉，還設有和服及毛巾供客人使用。樓上有數間設獨立淋浴間的 Spa 房，環境大而清雅，價錢卻不貴，三百多銖做一次按摩。

溫泉的顧客有半數以上是當地的日本人，故店內會播日式音樂或日本電台，猶如置身日本。

INFO
地址：A-Square 120/5 Soi Sukhumvit 26, Klongtoey
電話：02-259-5778
營業時間：9am-12mn
價錢：溫泉入場費為450銖/位，15歲以下、65歲以上250銖/位
網頁：www.yunomorionsen.com

興波作浪　Map 5-2/B5 09

Flow House

店家造了一個玩浪的地方，在裡面你可以享受衝浪和玩浪的樂趣，不會的話有專人去教你，無論服裝設備意義齊全。更重要的是你不會游泳也不要緊，可以嘗試較為低難度的；如果你有這方面的經驗不妨去挑戰刺激的。

這種玩意的好處是不用山長水遠去海灘，亦不需要擔心其他如天氣問題，放心玩便是。

BTS Phrom Phong站3號出口轉乘的士約5分鐘。

INFO
地址：A-Square, 120/1 Sukhumvit 26, Klongton
電話：02-108-5210
營業時間：11am-9pm
網頁：www.flowhousebangkok.com

Google Map

沖新出發

Nhong Rim Klong

Siam
Chitlom
Ploenchit
Asok
PhromPhong
ThongLor
Ekkamai
Udom Suk
Victory Monument
Mo Chit

🚗🚌 BTS Thong Lor站3號出口轉乘的士約5分鐘。

《沖遊泰國4》在2018年左右介紹過它，當年在Thong Lor旁邊的一條「河」的旁邊開露天檔，以手拆蟹肉蝦肉入饌，十級足料，又平又抵食，久而久之成為人氣餐廳。

但其用食環境實在是惡劣得很，疫情期間再訪時就已經拆了檔，本以為無以為繼，誰不知最近就在原址斜對面的舊樓重開，環境連環升級之餘，還得到米芝蓮指南推介，但價錢卻原地踏步，認真抵食。

INFO

地址：
51 Ekkamai 213 Alley, Khlong Tan Nuea, Bangkok
電話：086-044-9478
營業時間：8:30am-4:30pm（星期日休息）
網頁：www.facebook.com/nongrimkhlong

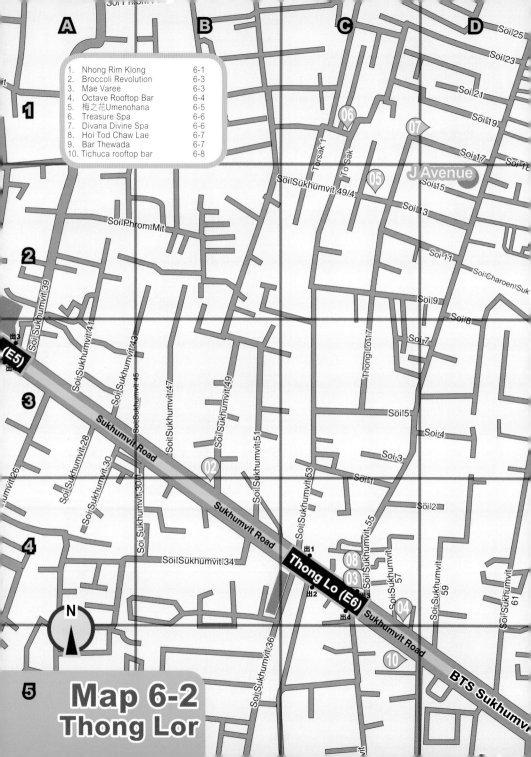

A   B   C   D

1. Nhong Rim Klong   6-1
2. Broccoli Revolution   6-3
3. Mae Varee   6-3
4. Octave Rooftop Bar   6-4
5. 梅之花 Umenohana   6-5
6. Treasure Spa   6-6
7. Divana Divine Spa   6-6
8. Hoi Tod Chaw Lae   6-7
9. Bar Thewada   6-7
10. Tichuca rooftop bar   6-8

06

07

J Avenue

05

Torsak 1
To Sak
Soi Sukhumvit 49/4
Soi 15
Soi 13
Soi 11
Soi Charoen Suk
Soi 9
Soi 8
Soi 7
Soi Phrom Mit
Thong Lo 17
Soi 5
Soi 4
Soi 3
Soi 1
Soi 2

Soi Sukhumvit 39
出3
E5
出4
Soi Sukhumvit 41
Soi Sukhumvit 43
Soi Sukhumvit 45
Soi Sukhumvit 47
Soi Sukhumvit 49
Soi Sukhumvit 51
Soi Sukhumvit 53
Sukhumvit Road
02
Soi Sukhumvit 28
Soi Sukhumvit 30
Soi Sukhumvit 30/1
Sukhumvit Road
26
Soi Sukhumvit 55
Soi Sukhumvit 57
Soi Sukhumvit 59
Soi Sukhumvit 61
Soi Sukhumvit 34
出1
08
出2
03
Soi Sukhumvit 36
Thong Lo (E6)
04
Sukhumvit Road
10
BTS Sukhumv

N

5 **Map 6-2**
   Thong Lor

曼谷型爆齋店　Map 6-2/B4 `02`

Broccoli Revolution

BTS Thong Lor站1號出口徒步約4分鐘。

齋店所賣的齋菜都標榜no fat、no egg 等，organic之餘當然是沒有肉類。裝修陳設相當有型、綠化，裡面放了很多植物，分樓上樓下兩層。餐廳提供的齋菜主要有四類，有泰式、緬甸式、西式及越南式，所以也頗受一些區內的中產人士及外國人歡迎。價錢方面，最貴的食物也不過270銖。

如果你對齋菜有點研究，又喜歡吃健康食品，可以來這裡一試，環境和食物絕對不草根，價錢則比草根高一點點。

INFO
地址：899 Sukhumvit Road, Klong-Nua, Vaddhana
電話：02-662-5001、095-251-9799
營業時間：9am-10pm（星期六及日開7am）
網頁：www.facebook.com/broccolirevolution

蘇絲黃推介芒果糯米飯　`03`

Mae Varee　Map 6-2/C4

BTS Thong Lor站3號出口，面向馬路轉左，在轉角位附近。

芒果糯米飯Mae Varee不用介紹也知是蘇絲黃大力推介，傳媒一傳一，卻把阿蘇介紹的資料傳錯。在這裡姑且大膽地更正少許資料：其實此店是有三十多年歷史的生果店，順便賣芒果糯米飯，此店所賣的芒果有3種：

1. 「橋掃妹」的青BB芒果，泰人喜歡爽口地點糖食。

2. 「腩毒賣」是最常見亦是最大的芒果，長年有售，一盒盒包好的，入面所用的芒果便是「腩毒賣」。

3. 「喔nong」較細但最甜，只在11月至2月才有。

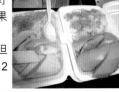

INFO
地址：1 Soi Thong lor, Sukhumvit 55 Road
電話：02-392-4804
時間：6am-11pm，星期日營業至9pm
網頁：www.maevaree.com

Siam
Chitlom
Ploenchit
Asok
PhromPhong
ThongLor
Ekkamai
Udom Suk
Victory Monument
Mo Chit

Siam
Chitlom
Ploenchit
Asok
Phrom Phong
ThongLor
Ekkamai
Udom Suk
Victory Monument
Mo Chit

Thong Lor區天台餐廳 **Map 6-2/C4** **04**

Octave Rooftop Bar & Lounge

🚋 BTS Thong Lor站3號出口徒步約2分鐘。

Thong Lor區 天 台 餐 廳 Octave Rooftop Bar & Lounge 全亞洲第一間走新潮年輕路線 的Marriott剛剛在曼谷開業，取名 為Bangkok Marriott Sukhumvit。 與 一 般 的 Marriott 不 同，除了裝修陳設、布置年輕化和新潮外，最特別的是它 擁有一間天台餐廳，而且是一間3層高的天台餐廳。

餐廳的第三層好似我們熟悉的Silom路某天台餐 廳，有發光的圓形酒吧圍著，大家可以品著美酒曬月光看 星星。酒店樓層不多，但在 Thong Lor 區已經算高，天台 餐廳從41樓起，踏出電梯，Thong Lor 區的 Top shop 靚 景即刻盡收眼底。餐廳大多數座位靠近落地玻璃窗，貼心 地為客人提供最美天台景，環境不錯。

餐廳食的是帶有 Fusion 成分的簡單菜，包括燒烤，價 錢中等，是 Thong Lor 區唯一一間天台餐廳。

要提醒大家的是這裡較為大風，帶假髮或者織髮的朋 友要小心，可能一不留神頭髮便會飛走。

INFO
地址：Top Floor, Bangkok Marriott Hotel
Sukhumvit, 2 Sukhumvit Soi 57
Bangkok
電話：02-797-0000
網頁：www.facebook.com/MarriottSukhumvit

Siam

Chitom

Ploenchit

Asok

PhromPhong

ThongLor

Ekkamai

Udom Suk

Victory Monument

Mo Chit

日本村食正宗九州懷石料理豆腐餐

梅之花Umenohana 05

Map 6-2/C2

🚗 BTS Thong Lor站3號出口轉乘的士約4分鐘。

梅之花餐廳來自1976年的日本，當時在九州開店，最出名的是他們的蟹和懷石料理，到了後期1986年，多了些豆腐食品，時至今日，梅之花在日本有超過八十間分店，所食的仍然是富特色及健康的豆腐和懷石料理。

在泰國曼谷 Thong Lor 區新起的日本村內，有梅之花第一間泰國分店，此店屬眾所周知的泰國S&P飲食集團所管理。

店內職員全部接受過專業培訓，因為處理這種懷石料理和日式豆腐餐不是普通侍應可以做到。

最出名的是蟹、豆腐、豆漿，很多道菜都是用豆腐做材料製成。

曼谷梅之花店有置身日本地道餐廳的氣氛體驗，如你喜歡吃豆腐和懷石料理的話，這間值得光顧。不過要提醒，朋友曾連續訂了四次位都沒有成功，大家不妨花點時間提早訂位。

INFO
地址：Nihonmura Mall, 2/F, Thonglor 13
電話：08-4438-3892
營業時間：11am-3pm；6pm-11pm
網址：www.umenohana.co.th

清新花園　Map 6-2/C1 `06`

Treasure Spa

///

🚌 BTS Thong Lor站3號出口轉乘的士約6分鐘。

　　Leyana Garden Spa是高兩層的花園小屋，有7間Treatment房，當中4間擁有大型浴缸，就算兩人同浴亦不覺擠逼。

　　此店選用的Spa產品亦很嚴謹，Facial只用德國名牌Decleor；Body Scrub則

是每天新鮮製造的天然物料如檸檬、椰子、芝麻蜜糖及山竹。另外還有多種不同Treatment，最貴1,300銖起，港幣千多元已可做足5小時，計落真的不算昂貴。

INFO
地址：33 Thonglor 13 Soi Torsak Wattana
電話：02-391-7964
營業時間：10am-10pm（Last booking 8pm）
網頁：www.treasurespa.com

做Spa遊世界　Map 6-2/D1 `07`

Divana Divine Spa

///

🚌 BTS Thong Lor站3號出口，轉乘的士約5分鐘。

　　Divana的姊妹店Divana Divine Spa，位於Thong Lor區J Ave大街後的小巷，照例又是獨立式別墅，感覺上比總店更寬敞。這裡有13間套房，每間房的設計都不同，日式、中式、印度式、羅馬式、埃及式等，各有不

同風格的裝潢和款式獨特的浴缸，選一個自己喜歡的地方，一邊做Spa，一邊想像環遊世界吧。建議大家晚上到此店更佳，因為這裡的環境在亮燈後更加美麗。預約更有專車接送服務。

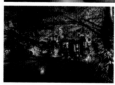

INFO
地址：103,Thonglor 17,Sukhumvit 55
電話：02-712-8986
營業時間：11am-11pm；10am-11pm（周六及日）
網頁：www.divana-dvn.com

Siam
Chitlom
Ploenchit
Asok
PhromPhong
ThongLor
Ekkamai
Udom Suk
Victory Monument
Mo Chit

可能是最好味的煎蠔餅 **Map 6-2/C4**

Hoi Tod Chaw Lae 08

🚗 BTS Thong Lor站3號出口，轉入Soi 55，在左手行人路Boots旁邊小巷側。

由這Mae Varee芒果糯米飯行過兩間舖，便有另一檔聲稱最好味的煎蠔餅小店，在這間檔主要吃的就是煎蠔餅，蠔餅煎得脆卜卜，是十分之美味，在曼谷很少吃得到這麼美味。

除了蠔餅也有泰式炒河，亦是用蛋包著炒的，造型和賣相十分不錯，但主打當然都是煎蠔餅。這個檔口已有半個世紀歷史，經常上電視，不少識食的泰國人特意駕車到來吃。

INFO
地址：25 Sukhumvit Soi 55（Soi Thong Lor），Opposite to Asia Herb Association Spa
電話：085-128-3996、089-448-6289
營業時間：8am-10pm

升仙之旅

Bar Thewada

09

🚗 BTS Thong Lor站3號出口轉乘的士約6分鐘。

這間酒吧極之有趣，因為店內是以泰國傳說中的仙境作為裝飾主題，所有酒保均打扮成為泰式天仙，帶著一頂白色高帽，調酒時更會加些乾冰營造仙境氣氛，極之有趣。酒吧內有幾個打卡位，有興趣的朋友不妨問酒保借頂白帽影相。店家賣的酒大部份是自家釀製，真正 made in thailand，不妨試試。

Google Map

INFO
地址：1000/113 Libery Plaza, 55 Klongton Nua Wattana, Bangkok
電話：063-096-2954　營業時間：6pm-12mn
網頁：IG:bar_thewada

潮飲天台酒吧

Tichuca rooftop bar

10

Map 6-2/C5

BTS Thong Lor站4號出口徒步約3分鐘。

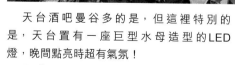

　　天台酒吧曼谷多的是，但這裡特別的是，天台置有一座巨型水母造型的LED燈，晚間點亮時超有氣氛！

　　星期日至四5-7pm可以網上訂位（Facebook有連結），7pm後及星期五、六就只設walk-in，想看夜景就要預一點時間排隊，超級多人喔！

INFO
地址：T-One Building 8, 46/F, Sukhumvit 40 Alley
電話：065-878-5562　營業時間：5am-12mn
網頁：www.facebook.com/tichuca.bkk

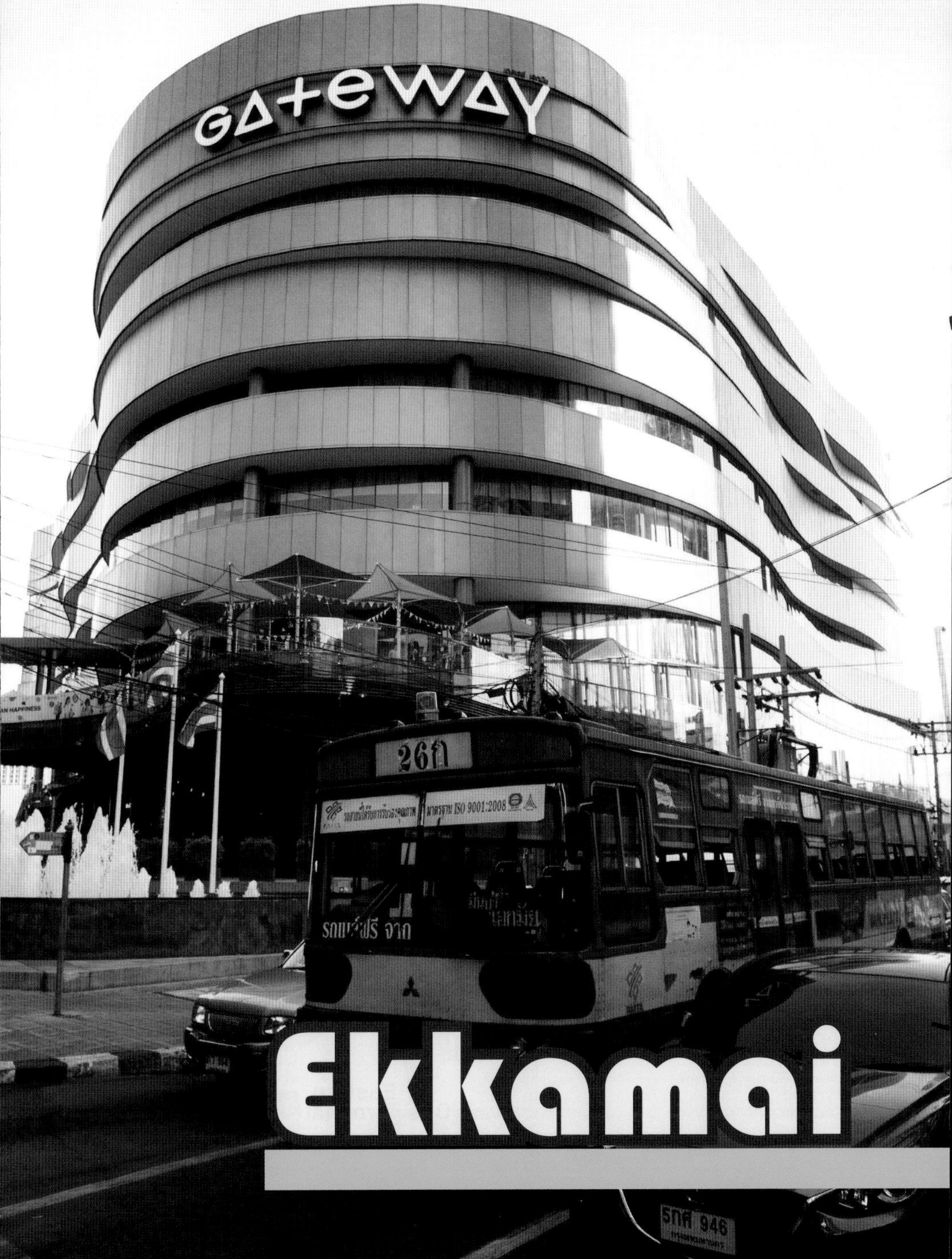

Ekkamai

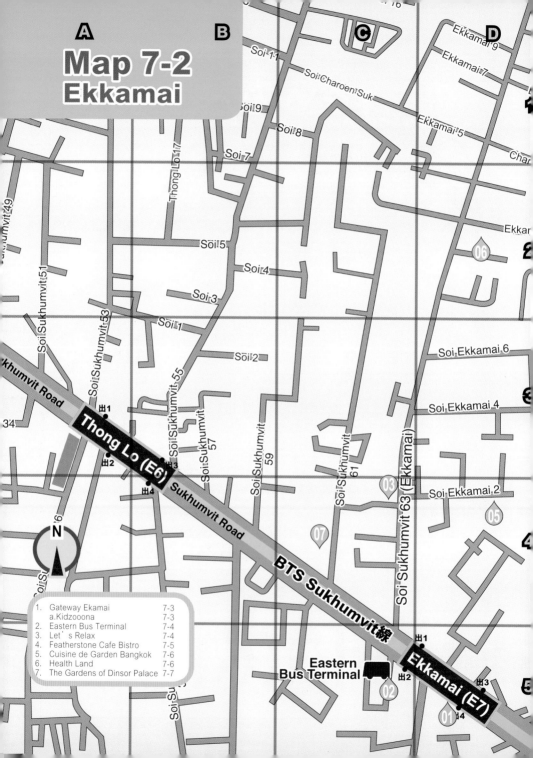

Map 7-2
Ekkamai

A B C D

Soi 16
Ekkamai 9
Soi 11
Ekkamai 7
Soi Charoen Suk
Soi 9
Ekkamai 5
Soi 8
Char
Soi 7
Ekkamai 3
Thong Lo 17
06
Ekkar
Soi 5
2
Soi 4
Soi 3
Soi 1
Soi Ekkamai 6
Soi 2
Soi Sukhumvit 49
Soi Sukhumvit 51
Soi Sukhumvit 53
Soi Sukhumvit 55
Soi Ekkamai 4
Soi Sukhumvit 57
Soi Sukhumvit 59
Soi Sukhumvit 61
Soi Sukhumvit 63 (Ekkamai)
Soi Ekkamai 2
03
05
Sukhumvit Road
出1
出2
出3
出4
Thong Lo (E6)
Sukhumvit Road
07
34
N
6

BTS Sukhumvit線

Eastern Bus Terminal
02
出1
出2
Ekkamai (E7)
出3
01 出4

扮作日式商場

Gateway Ekamai

Map 7-2/D5 `01`

🚗 BTS Ekkamai站4號出口旁。

INFO
地址：982/22 Prakanong,Klongtoey,Bangkok
電話：02-108-2888
營業時間：10am-10pm
網頁：www.gatewayekamai.com

這個百貨商場倚傍著BTS站，交通十分方便。樓高8層，以日本情懷為主，最大賣點就是商場內的日本城，當中有不少日本著名餐廳是第一次在泰國登陸。

如題所説，東瀛風貫穿整個商場，除了剛才所説以飲食為主的日本城外，也有一些國際的食肆、日本品牌的超級市場、日式時裝Outlet、美容Spa以及電器發售。

又一小朋友天地

Kidzooona

`1a`

🚗 BTS Phloenchit站5號出口天橋直達商場。

這裡佔地差不多一層樓，有專為小朋友而設的機動遊戲、賽道、木馬和滑梯等等，如果爸爸媽媽來商場shopping，可以將小朋友交給專人看管，或者入場和小朋友一起玩。價錢相宜，場內做足清潔措施，入場要穿拖鞋，如果赤腳的話需要買對襪才能進場。雖然不是高科技、超好玩的遊戲，但對於小朋友來説總能夠玩得很開心。

INFO
地址：4/F
電話：02-108-2650-52
營業時間：10am-9pm
費用：小朋友入場間日入場費180銖，假日200銖；父母入場90銖。

Siam
Chitlom
Ploenchit
Asok
PhromPhong
ThongLor
Ekkamai
Udom Suk
Victory Monument
Mo Chit

乘巴士到芭堤雅　**Map 7-2/C5** `02`

Eastern Bus Terminal

🚗🚌 BTS Ekkamai站2號出口，面向馬路往左行，過了馬路便看見。

想去芭堤雅，但又不想花太多錢坐的士或包車的話，可以到這個巴士總站轉乘長途巴士前往；由5:20am至8:20pm，約40分鐘一班，車程三個多小時。不但有冷氣，還有行李倉擺放大型行李，票價只是90銖，視乎走不走Motorway而定，但最貴亦僅港幣二十多元，既便宜又舒適。

INFO
地址：next to the Ekkamai BTS satation
電話：02-382-2097
營業時間：24小時

爽爽爽　**Map 7-2/C4**

Let's Relax `03`

🚗🚌 BTS Ekkamai站1號出口，轉入Soi 63徒步約5分鐘。

Let's Relax 的這間店裝修與其他分店很不同，裡面的陳設給人一種更relax的感覺，加上地點較為遠一點，主要做區內當地人生意，所以在裡面不會聽到很多中、港、台遊客的聲音，亦不會感覺很嘈吵。他們的房間之多及大可能是多間Let's Relax店之冠，價錢與其他分店是一樣的，而且亦有他們品牌的產品發售。

INFO
地址：2/F., Park Lane Mall, Sukhumvit 63
電話：02-382-1133
營業時間：10am-12mn
網頁：https://letsrelaxspa.com/branch/ekkamai

Siam

Chitlom

Ploenchit

Asok

PhromPhong

ThongLor

Ekkamai

Udom Suk

Victory Monument

Mo Chit

狂吹歐洲風

Featherstone Cafe Bistro `04`

 BTS Ekkamai站1號出口，經Soi 63乘的士前往約6分鐘。

餐廳裝修極具歐洲古典美，由大屋外觀，門口，以至室內都充滿了細膩的歐洲古典風格。菜式方面，跟其裝修風格如出一轍，主打西菜。味道不俗，賣相亦佳。反而飲品方面來得比較特別，其中的sparkling apothecary的配料是用藥瓶裝上，光是外型已夠吸引，各種成份的份量可以自行調校，相當有趣。晚市間中會有jazz band做live表演，氣氛極佳。

INFO

地址：60 Ekamai 12 Bangkok
電話：097-058-6846
營業時間：10:30am-10pm（廚房3pm-5:30pm休息，水吧照常；全店星期二休息）
網頁：www.facebook.com/featherstonecafe/

Siam
Chitlom
Ploenchit
Asok
PhromPhong
ThongLor
Ekkamai
Udom Suk
Victory Monument
Mo Chit

Map 7-2/D4 *創意大自然餐廳*

Cuisine de Garden Bangkok

05

🚌 BTS Ekkamai站1號出口徒步約6分鐘。

餐廳老闆是幾個室內設計師，他們一起開了一間造型設計很有心思的餐廳。這裡吃的是套餐，大約1,600銖的套餐有六道菜，由餐前麵包到主菜甚至飯後甜品都充滿心思。前菜的麵包以樹葉作為形象，而墊底的是來自清邁的樹葉。另外一道墨魚亦內有乾坤，裡面釀了豬肉，外面則是一個網，其實是以竹碳和蛋花製成。取其義就是大家出海打墨魚之時，都會看到漁火閃閃的光，而這些光就是魚子，整個想法非常有創意。

大家要去的話最好是先預訂，否則就可能望門輕嘆。

INFO
地址：12/6 Phatsana1, Northern Phrakanong, Wattana
電話：061-626-2816
營業時間：6pm-11pm，星期日休息
網址：www.cuisinedegarden.com

最受當地人歡迎 **Map 7-2/D2**

Health Land 06

🚌 BTS Ekkamai站1號出口徒步約8分鐘。

於當地相當著名的 Health Land，賣的是「治療Spa」，由於需定期「覆診」，遊客只怕無福消受。但其最新最大的分店剛於Ekkamai 開幕，內有一間置有智能浴缸、濕蒸桑拿的VIP房，只要使用其Spa Package及預先訂房便可使用。

INFO
地址：96/1 Soi Sukhumvit 63 (Ekkamai), Sukhumvit Road
電話：02-392-2233
營業時間：9am-11pm
網址：www.healthlandspa.com

一變四的白天鵝餐廳

The Gardens of Dinsor Palace 07

Map 7-2/C4

BTS Ekkamai站1號出口徒步約6分鐘，經過Fullerton Sukhumvit 後右轉入小巷中段右手邊即見。

Siam
Chitlom
Ploenchit
Asok
PhromPhong
ThongLor
Ekkamai
Udom Suk
Victory Monument
Mo Chit

　　這餐廳的前身是一間名為Bonjour 的法國餐廳，最大賣點是池塘裡養有數隻白天鵝，故又稱為白天鵝餐廳。但現在餐廳已重新裝修，風格亦改為美式新派菜，由美籍女廚師主理，每日早上8時開始提供早餐至晚餐。

　　而過往的白天鵝如今已成為配角，因為餐廳落地大玻璃旁的一個小花園中多了對白孔雀，人客可邊吃飯邊欣賞白孔雀，機緣巧合説不定還可看到牠們開屏爭艷的美態。

INFO
地址：1217/2 Sukhumvit Road, between Soi 59 & Soi 61 Wattana
電話：02-714-2112
營業時間：11am-9pm；星期六日9am-10pm
網頁：http://thegardenspalace.com

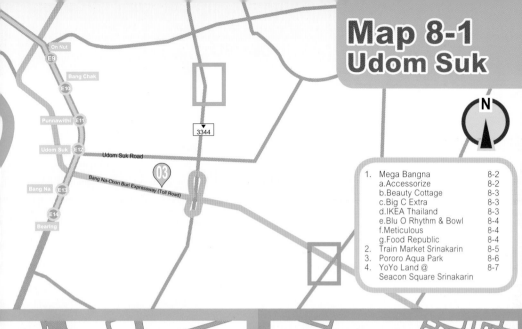

Map 8-1
Udom Suk

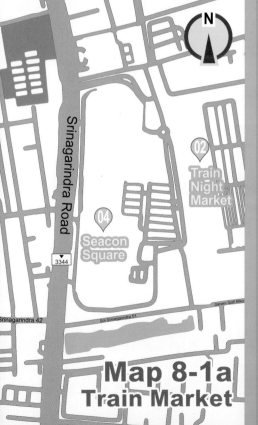

Map 8-1a
Train Market

Map 8-1b
Mega Banga

~ Mega Banga ~

南亞區最大低層式商場　**MAP 8-1b**

Mega Bangna 01

🚗 BTS Udom Suk站5號出口（7-11便利店門前）乘坐免費穿梭巴士（每30分鐘一班）直達Mega Bangna，車程約15分鐘。

　　以前提起全泰國最大商場必定是Central World，但時至今日，紀錄已經被Mega Bangna打破。這個低層式超大型商場總面積超過四十萬平方米，有逾800間店舖分別在10個區域，而東南亞地區最大的宜家傢俬旗艦店也在這裡。10個品域包括：Fashion、Food、Kids、Lifestyle、Banking、Wellness、Tech、Sports、Home、Gems。場內呈圓形的設計，每層「tum tum轉」無終點。裡面亦有Robinson百貨、Big C Extra超級市場、電影院及溜冰場等。

INFO

地址：39 Moo 6 Bangna-Trad rd., Km 8 Bangkaew, Bangplee, Samutprakarn
電話：02-105-1000
營業時間：10am-10pm
網頁：www.mega-bangna.com

Accessorize

Shop unit 1158

　　這間Accessorize主要出售自家設計的飾物、袋、帽及特色文具用品，無論是自用物品或是送禮餽贈，也是一個可以找到心頭好的店子。

Siam
Chitom
Ploenchit
Asok
PhromPhong
ThongLor
Ekkamai
Udom Suk
Victory Monument
Mo Chit

~ *Mega Banga* ~

Beauty Cottage
Shop unit 1624

這店專售化妝用品，用品的包裝設計很 lady，當然也有不少天然的沐浴用品。

Big C Extra
L1/F

這間 Big C Extra，一句講晒，係生活日用品、衣飾及超市混合店。

全南亞區最大的宜家
IKEA Thailand

「宜家」在 Mega Bangna 的店舖，是全南亞區最大的分店，比新加坡及香港的更大，內有逾8,500件貨品，包括專為泰國市場而設的產品。當然，部分貨品比香港的售價便宜。

INFO
位置：G/F
電話：02-708-7999
營業時間：10am-10pm；餐廳9:30am-9:30pm
網頁：www.ikea.com/th

~ Mega Banga ~
Blu O Rhythm & Bowl `2/F`

　　保齡球場除了設有大場外，也有三五知己私人角落供客人選用。

Meticulous

`Shop unit 1614`

　　上班男士可選擇度身訂造的英倫式上班服。

Food Republic

`Shop unit 2448`

　　Food court 的食店、座位選擇也多。

Siam

Chitom

Ploenchit

Asok

PhromPhong

ThongLor

Ekkamai

Udom Suk

Victory Monument

Mo Chit

02 曼谷元祖夜市

Talad Rot Fai Srinakarin

////////////////////////////////////// **MAP 8-1a**

> 🚌 BTS Udom Suk站5號出口轉乘的士約20分鐘，在Seacon Square Srinakarin背後。

這個夜市十分草根和地道，買的、賣的都是地道泰人，尤其年輕人。它比較像Asiatique或者JJ market一樣，屬有瓦遮頭的小店舖，巷內有food court。

露天部分除了有一半是食物檔口和售賣衣物精品外，也有不少vintage古舊家具擺設和電器的小檔口，不時有小販開古董車來擺攤，當中更有不少古董車供遊人拍照很有風味。室內外合共數千檔口，差不多拍得住Asiatique般大。

前往方法可坐BTS去 Udom Suk站再轉的士約20分鐘，晚上逛完等的士可能需花點時間，請留意。

INFO

地址：Srinakarin 51, Srinakarin Road, Nongbon, Prawet
電話：081-827-5885
營業時間：5pm-翌晨1am；室內部份星期一休息；露天部份逢星期四至日晚營業

Siam
Chitom
Ploenchit
Asok
PhromPhong ThongLor
Ekkamai
Udom Suk
Victory Monument
Mo Chit

專車接送商場水上樂園　**MAP 8-1**

Pororo Aqua Park 03

🚌 BTS Udom Suk站5號出口（7-11便利店門前）乘坐免費穿梭巴士（每30分鐘一班）直達Megabangna，車程約10分鐘。

在曼谷往芭堤雅的路上，有一家叫Central Bangna的百貨商場，頂樓有一個水上樂園，當年叫LeoLand，如今已易名Pororo Aqua Park，遊樂場用了很多韓國公仔來作造型設計。

重新裝修過的水上樂園，總共有9個池，4條滑水梯，大人小朋友都適合。很多當地人或住在那裡的外國遊客都會去玩，尤其當中一條滑水梯，一部分設計成彷彿拋到天台範圍，感覺像被甩到馬路再被拉回來，頗刺激。

這裡所有配套都不俗，儲物櫃及泳池配套做得非常足夠，人客可以不用帶毛巾，在這裡租用即是，甚至可以現場買泳衣。惟對香港人來說，有件事情可能不太習慣，就是會被要求到更衣室換上拖鞋，而拖鞋是公共膠拖鞋，即是很多人穿過，是否接受則見仁見智。

地址： 6/F, Central Bangna 585 Bangna-Trad Rd, Bangna
電話： 02-745-7377
營業時間： 10:30am-7pm（最後入場:5pm）；星期六日10am開場
網頁： www.pororoaquapark.com
費用： 小朋友90cm下：免費；身高90-120cm：280銖，大人：400銖，長者60歲以上：280銖。儲物櫃、水泡或毛巾另外再計

最大室內兒童遊樂場

YoYo Land @ Seacon Square Srinakarin 04

MAP 8-1a

BTS Udom Suk站5號出口轉乘的士約20分鐘。

這個超大型的百貨商場，所賣的東西跟曼谷其他的百貨公司都是大同小異。如果想去一些比較地道、不是那麼多香港人出現的商場，不妨來此逛逛。裡面有一樣東西是其他商場沒有的，就是全曼谷最大的兒童室內遊樂場YoYo Land。這不是甚麼新事物，不過全泰只有這裡才有那麼大的室內遊樂場，機動遊戲種類多，電動木馬、摩天輪、小型火車、小型船或艇，各式玩意真的應有盡有。一家大細可在這個商場裡吃吃喝喝，買買東西，讓小朋友在這裡放電，作為親子旅遊的一個項目也不錯。

INFO

地址：L4, 55 Srinakarin Road, Nongbon Prawet
電話：02-721-8888
營業時間：12nn-7pm（星期三休息）
網頁：www.facebook.com/yoyolandseacon-square

Siam
Chitlom
Ploenchit
Asok
Phrom Phong
Thong Lor
Ekkamai
Udom Suk
Victory Monument
Mo Chit

Victory Monument

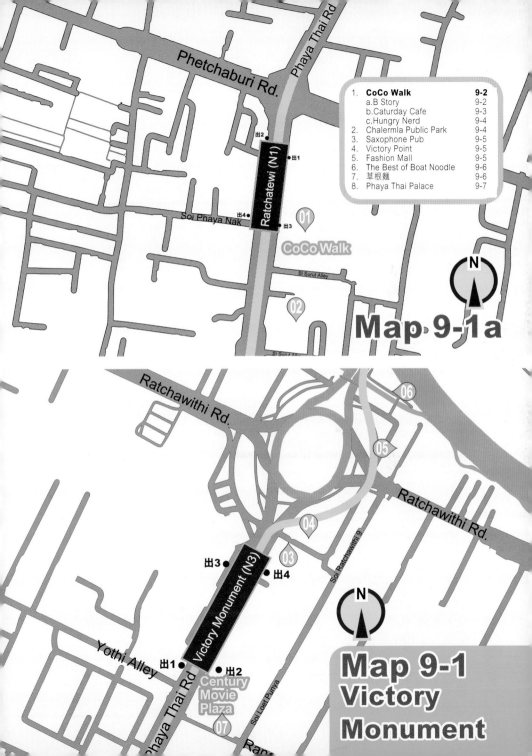

Phetchaburi Rd.

Phaya Thai Rd.

出2

出1

Ratchatewi (N1)

Soi Phaya Nak

出4

出3

01

CoCo Walk

Si Surut Alley

02

Si Surut Alley

N

Map 9-1a

Ratchawithi Rd.

06

05

Ratchawithi Rd.

04

Soi Ratchawithi 9

出3

Victory Monument (N3)

03

出4

N

Yothi Alley

出1

出2

Phaya Thai Rd.

Century
Movie
Plaza

Soi Loet Punya

07

Map 9-1
Victory
Monument

Ran

~ CoCo Walk ~

MAP 9-1a `01`

CoCo Walk

🚗🚌 BTS Ratchathewi站4號出口即見。

　BTS Ratchathewi站旁有一個地方叫CoCo Walk，是一個頗Chill的地方，裡面有酒吧和Cafe，亦有幾間裝修特別的餐廳，相當受當地人喜歡，願意來這裡輕鬆一下。

　我就試試介紹其中幾間人氣餐廳及Cafe，看看合不合你的心意!?

教堂式咖啡店

B Story `1a`

　這間Cafe其實是由酒行改建的店，vintage feel十足，猶如小花園一樣，擺滿公仔，賣咖啡、意大利粉、三文治之類，而兩樓設計竟有如教堂，甚有感覺！

　咖啡店看起來雖有點豪華，食物價錢卻很平民，最重要他不是為遊客而設，我去幫襯過幾次，發現都是學生在溫書，本地人在聊天，有日本代官山咖啡店的感覺，尤其是vintage的擺設加上花花草草，簡直是這一區的俗世清泉。如果你去了Ratchathewi的貓Cafe玩，之後想找個地方安靜地休息，和朋友聊天的話，這裡是個好選擇。

INFO
地址：Room A1, Coco Walk, 89/70 Phayathai Road
電話：02-656-5677
營業時間：10am-11pm
網頁：www.facebook.com/B-Story-Cafe-456139967853888

在BTS旁餵名種大肥貓
Caturday Cafe 1b

在 CoCo Walk 有一間貓 Cafe，地方不大，但布置相當特別。由大門的門柄到裡面廁所的布置，甚至乎牆上的壁畫全部都是和貓有關，內裡養了超過四十隻貓，但輪迴亮相的則有25隻，當中除了一隻是來自泰國的外，其他全部都是外國入口的名種貓，每隻貓雖然沒有經特殊訓練，但牠們也懂得對號入座在自己的位置上睡覺休息，而位置上亦有名片和相片讓大家知道牠的名字。

人客入場前首先要脫鞋和洗手，進去後可以隨便叫一些糕點和飲品。有時候人客叫了蛋糕，有些貓咪會跑來欲偷吃，這時候職員便會前來幫忙把為食貓捉走。

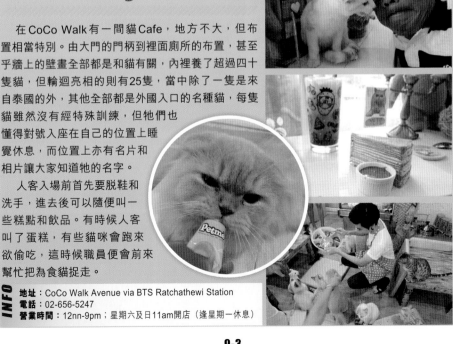

INFO
地址：CoCo Walk Avenue via BTS Ratchathewi Station
電話：02-656-5247
營業時間：12nn-9pm；星期六及日11am開店（逢星期一休息）

Siam
Chitlom
Ploenchit
Asok
PhromPhong
ThongLor
Ekkamai
Udom Suk
Victory Monument
Mo Chit

~ CoCo Walk ~

BTS旁399銖食超大雜扒
Hungry Nerd　1c

這間食扒專門店的形式有點像Sizzle又或者Jeffer，都是以食平價扒為主。專門店裡有很多平價扒發售，當中最大賣點就是價值399銖的超級大雜扒，包括有5種扒類，有腸、雞肉、豬肉、牛肉和魚，兼且亦都有薯條、麵包和沙律，基本上一大碟已經夠2至3人食，價錢來說也划算，399銖即80元港幣左右便有交易，如果以份量和質素來說，比Sizzle和Jeffer更抵食。

假設你自問是食肉獸或者想試試這超級抵食的大雜扒，可以搭BTS到Ratchathewi站，在樓梯旁邊就已經是，很容易找到。

INFO
地址：CoCo Walk Ratchathewi Bangkok
電話：02-656-5550
營業時間：11:30am-12mn
網頁：www.facebook.com/
　　　hungrynerdbangkok

塗鴉公園　MAP 9-1a 02
Chalermla Public Park

在BTS Ratchathewi站行去2號出口徒步約1鐘，或由Siam Discovery商場沿Phayathai Road徒步約5分鐘。

這個在Ratchathewi BTS站附近的公園本是一處荒置已久的廢地，有很多塗鴉人士及一位泰國已故的塗鴉大師在這裡留下了一些作品。泰國政府在這些藝術品的保護方面向來不遺餘力，原本的爛地，經重新整理，從爛地搬走了雜物，再種了些花草，每日供遊人參觀，而這公園的賣點是塗鴉的畫作可供遊人拍照留念，是一眾愛藝術人士喜歡到訪的地點。

INFO
營業時間：5:30am-7pm

樂迷必到
Saxophone Pub
MAP 9-1 03

🚕 BTS Victory Monument站4號出口，出了行人天橋在右手邊Victory Point旁的小巷中。

在1987年，這裡已有一個不少日本人慕名到來的地方，就是這間作古舊打扮的Saxophone Pub。每晚有專人live演奏Jazz、Blues或Reggaes，有得食有得飲，不少樂迷逢周六晚到來熱血撐場。住在附近，想尋找晚上正經娛樂的朋友，這裡是個好地方。

這是小型店舖，不收入場費，也沒有dress code，不是專為遊客而設，是多年得獎的曼谷最佳音樂娛樂場所！

INFO 地址：3/8 Phayathai Road, Victory Monument
電話：02-246-5472　營業時間：6pm-2am（翌晨）
網頁：http://saxophonepub.com

小型女人街
Victory Point
MAP 9-1 04

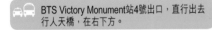

🚕 BTS Victory Monument站4號出口，直行出去行人天橋，在右下方。

當年在BTS橋下的Victory Point，有似足大笪地般的Beer Garden，食、飲及音樂都有。今日只剩下少量大排檔或食檔，大部分店舖已變成時裝店，有點似女人街，可說是一個小型夜市。

INFO 地址：3/8 Phayathai Road, Victory Monument
營業時間：10am-11pm

駁髮商場
Fashion Mall
MAP 9-1 05

🚕 BTS Victory Monument站4號出口，上行人天橋直行，過了地標後，在右邊。

也是一個為地道人而設的商場，最大特色是裡面有接近二十個替人駁髮的檔口，只需100銖左右便有交易，十分相宜。除此之外，還有130銖一小時的腳底按摩，堪稱全區最經濟。

INFO 地址：459 Rachvithee Road, Thanon Phayathai, Ratchathawi
營業時間：10am-10pm

15銖一碗河粉

The Best of Boat Noodle

MAP 9-1　06

🚌 BTS Victory Monument站4號出口，過了行人天橋，Fashion Mall的後面，即Victory Point小廣場的後面。

在民主紀念碑附近的橫巷內有數間專吃細細碗15銖河粉店。當中最多人光顧、最有名的是這間河粉店，每枱客都食到一「幢」兩「幢」碗，只因實在太抵吃。食物分別有豬肉丸及牛肉丸，湯底更有冬蔭或豬紅等多種選擇。門外煮河粉的師傅更是表演一般，手勢快到你唔信，有如快鏡不斷重播。

INFO
地址：Victory Monument
電話：02-271-3178；089-921-3378
營業時間：9am-9pm

超級易去的15銖一碗麵

草根麵　07

MAP 9-1

🚌 BTS Victory Monument站2號出口，有天橋相連。

很久之前介紹過勝利紀念碑BTS Victory Monument附近有檔泰式粉麵檔，最出名的是其麵只賣數銖一碗，不過隨著時光轉變，價錢已經由數銖賣到15銖一碗，話雖如此，每天依然客似雲來，很多本地人去光顧。

請注意這不是Gimmick，這是實實在在的草根麵店，可能會有人抱怨他們的份量太少，是一個噱頭，但泰國人並不會介意份量少，他們去食的時候會點十碗二十碗，將碗砌起來，場面壯觀。

這個粉麵檔很多香港媒體介紹過，如果要去的話現時他們在BTS Victory Monument站旁的Century Movie Plaza地下開了間新分店，相當易去，近機場快線和BTS站，15銖一碗麵，你可以見到很多本地人來幫襯，慕名而去的朋友輕輕鬆鬆搭BTS就能去到他們的新分店食麵。

INFO
地址：Century Plaza, 15 Phaya Thai Road
營業時間：10am-10pm

Siam
Chitlom
Ploenchit
Asok
PhromPhong
ThongLor
Ekkamai
Udom Suk
Victory Monument
Mo Chit

入皇宮飲茶食飯
Phaya Thai Palace

08

🚌 BTS Victory Monument站3號出口轉乘坐的士約6分鐘。

Phaya Thai Palace建於1909年的泰國五世皇時代，其後六、七世皇也曾在此居住，七世皇更把他變成國際酒店，隨後將酒店變為泰國第一無線電廣播電台；後來再變成醫院至今，而皇宮部分則保存開放給遊客參觀。這座皇宮地方很大，每日有導賞時段，當年泰皇的臥室及會議室等都可供參觀，雖事隔百多年，但部分設施環境都保養得很好，相當有歐洲色彩。

裡面分了甚具歐洲皇族色彩的Thewarat Sapharom Hal、紅色尖頂的Phiman Chakri Hall、皇族古城的Waikun Thepayasathan Hall、白色走廊的Udom Wanapon Building等等，部分設計是由歐洲建築大師專誠飛來泰國因地而造，把古舊的皇族氣派發揮得淋漓盡致。

外面還有大型宴會廳，一樑一柱全是當時意大利、法國名師作品，古歐洲味濃。

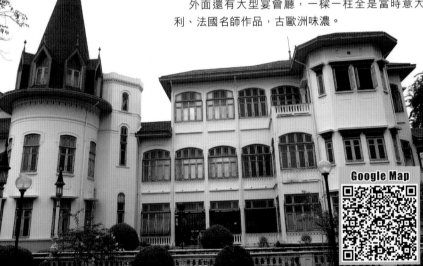

Google Map

INFO

地址： 315 Ratchathewi Rd, Ratchathewi District（inside PhraMongkut Hospital）
電話： 02-354-7987
營業時間： 皇宮博物館平日：8am-5pm；假日9:30am-5pm（假日9am-1:30pm有導賞）；咖啡店平日8am-7pm；假日10:30am-7pm
網頁： www.phyathaipalace.org

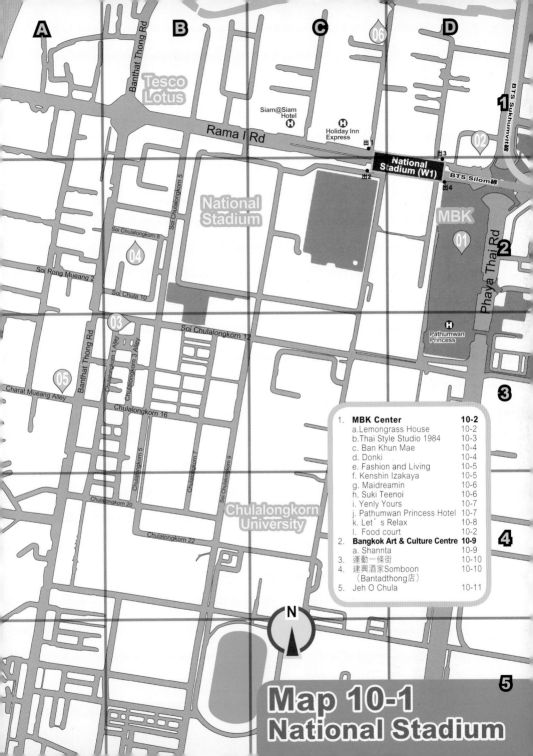

A B C D

Banthat Thong Rd
Tesco Lotus
Siam@Siam Hotel
Holiday Inn Express
Rama I Rd
出 1
National Stadium (W1)
出 3
出 2
出 4
BTS Silom線
BTS Sukhumvit線

1

02

National Stadium

Soi Chulalongkorn 5
Soi Chulalongkorn 8
04
Soi Rong Mueang 2
Soi Chula 10

MBK
01

Phaya Thai Rd

2

03
Soi Chulalongkorn 12
Banthat Thong Rd
Chulalongkorn 3 Alley
Chulalongkorn Alley
Pathumwan Princess

3

05
Charat Mueang Alley
Chulalongkorn 16

Chulalongkorn 5
Chulalongkorn 7
Chulalongkorn 9
Soi Chulalongkorn 9

Chulalongkorn 20
Chulalongkorn 22

Chulalongkorn University

4

N

5

Map 10-1
National Stadium

~ MBK ~

全天候商場　MAP 10-1/D2　01
MBK Center

🚌 BTS National Stadium站4號出口，右邊有天橋連接至MBK 2/F。

全名Mahboonkrong的MBK Center，位於BTS National Stadium車站旁邊，是7層高的大商場，面積與又一城相若，內裡包括曼谷唯一的Tokyu東急百貨公司、餐廳、CD、二手牛仔褲、潮流波鞋、手提電話、戲院、熒光保齡球場、卡拉OK、書局及泰國食品店舖等，相比鄰近商場無疑較少名店，面向大眾化，消費一般不太貴；2/F有天橋接駁Central World和BTS Siam站，徒步亦只是數分鐘而已，十分方便。

INFO
地址：444 Phayathai Rd., Patumwan
電話：02-852-7000
營業時間：10am-10pm
網頁：www.mbk-center.co.th

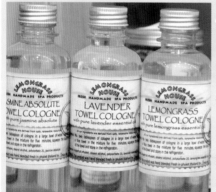

來自布吉的香薰產品　1a
Lemongrass House

老闆是外籍人士，原來只是小本經營，在位於布吉的小店內發售自家生產的產品；但因為口碑好，不少酒店及Spa中心都向其治購產品給人客於店內使用，因此很多酒店及Spa中心都能找到這個品牌產品的蹤影。但可惜這個品牌的門市，卻只有發源地布吉島及曼谷翟道翟，若要買些回家用的話也不容易。

後來在曼谷MBK開了專門店。店內所發售的產品與布吉的一樣，有齊最熱門款式，如沐浴露、香皂及香薰精油等產品。據聞，現時只有布吉總店才有得賣的新研發產品，如嬰兒用的爽身粉，稍後也有機會引進曼谷店。

INFO
地址：3/F 3C-26
電話：02-610-4886
網頁：www.lemongrasshousethailand.com

一站式泰式沙龍

Thai Style Studio 1984

去日本你會想試著和服拍輯沙龍，那麼，去曼谷有沒有想過變身成為古代的泰國王子或公主呢？這是曼谷市中心唯一一家可以讓大家變身「泰古人」的影樓。

基本套餐2,300銖就已經包一套可以外借3天的傳統泰式服裝和一次化妝set頭服務。穿著泰古服沿路自拍都可以。想請攝影師陪影嗎？4,000銖一小時，價錢合理！想再平一點點，可以留在室內的影樓直接變身和拍攝，也只是3,000銖一位（包服裝，set頭和30幅硬照）！

INFO
地址：3/F, Zone C 3C-09　　電話：02-048-7136　　營業時間：10am-8:30pm
網頁：https://thaistylestudio1984.com
預約：service.thaistylestudio@gmail.com 或 Facebook "thaistylestudio1984"

媽媽聲的泰菜 1c

Ban Khun Mae

Ban Khun Mae 直接解釋是亞媽的家，開業於1998年在我早期的作品曾介紹過。在 Siam Square 最具人氣的泰國餐廳就是這間。

傳統泰菜，種類十分多，Menu內有英文又有相片不會不懂叫菜但味道偏辣。如今 Siam Square 的木屋已經拆走，結果搬到來 MBK 延續其美味故事。

INFO
地址：2/F　電話：02-048-4593
營業時間：11am-11pm
網頁：www.bankhumae.com（7pm前入座可以訂位）

夜半口痕也不驚 1d

Donki

曼谷的 Donki 已經開了好幾家，各有大細，MBK這家賣的貨品跟其他 Donki 大同小異，不過是24小時營業（Ekkamai分店亦是），住附近的朋友，半夜口痕的話可以來 MBK 買杯麵或薯片做宵夜。

INFO
地址：2/F
電話：02-209-1616　營業時間：24小時
網頁：www.dondondonki.com/th/store/

綜合時裝outlet **1e**

Fashion and Living

　　前身其實是東急百貨的位置，說穿了其實是一個綜合的運動服裝 Outlets，跑鞋、Outfits n 及各種配飾都有發售。

　　價錢大概是市價的6折（不過原價是官方標價），所以換轉之後並不屬於跳樓價，但也比市面便宜一點；打算大手掃貨的朋友可能要調整一下心理了。

INFO 地址：3/F
網頁：https://mbk-center.co.th

沖哥酒吧膽 **1f**

Kenshin Izakaya

　　爆谷味的啤酒你飲過未？富士山味道的啤酒是甚麼一回事？劍心是一家日本風酒吧之餘，也專門推出五花八門味道啤酒的酒吧！就連平日不多喝啤酒的我，路過附近也會上來喝一杯爆谷味啤酒（其實是零酒精），不妨試試。

INFO 地址：2/F
電話：02-004-8888
營業時間：11am-12mn
網頁：IG:kenshinizakaya

泰美麗女僕

Maidreamin

1g

這間餐廳有趣啊！本身是來自日本的女僕cafe，不過來到泰國，所有女僕都變成泰國人和講泰文/英文啦！MBK裝修後，轉走年青人路線，頓時變得熱鬧，人氣旺盛。泰版女僕cafe保持到日版的可愛風，食品也是沿用日本的菜單，客人可以用英文去跟侍應溝通，算是一個方便的賣點吧！

INFO
地址：7/F, #A3-A4舖　電話：02-003-1616
營業時間：11:00am-10:00pm（L.O. 9:30）
網頁：https://maidreamin.co.th/

1h

平到你唔信

Suki Teenoi

真係平霸之中的平霸！而且是夜宵之霸！11點營業到凌晨5點，每人219銖任食火鍋！海鮮紅肉蔬菜一應俱全，真的是無敵！食物質素嘛，可以啦，這個價錢不能期望有A5級和牛，但至少肉類尚算吃不出雪味！遇上喜歡狂吃火焗的朋友可以試試。

INFO
地址：2/F
電話：02-209-1616
營業時間：24小時
網頁：www.facebook.com/sukiteenoithailand

創意芒果甜品店
Yenly Yours 1i

泰國的4至5月是芒果當造的日子，不過其實曼谷有間甜品店常年都有芒果類的甜品，而且種類有創意。這間在CentralWorld樓上、MBK商場6樓都有分店。MBK的分店較CentralWorld的大，他們所有的甜品都和芒果有關，主要是由芒果中的 Nam Dok Mai 來做，不過遇上 Nam Dok Mai 芒果缺貨，他們會用另一款芒果 Chok Anan 來代替。

這裡和普通的甜品店不同，一般的都少有免費水供應但這裡有。

INFO
地址：6/F
電話：086-996-9797
營業時間：10:30am-9pm
網頁：www.yenlyyoursdessert.com

方便就腳
Pathumwan Princess Hotel 1j

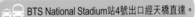
BTS National Stadium站4號出口經天橋直達。

酒店本身實在有點舊，不過勝在位置優越，樓下已是MBK商場，一出門便是National Stadium BTS站，搭幾個站就到Mo Chit站玩轉JJ Market！而酒店斜對面已是Siam Discovery Centre和Siam Center，接連著必到的Siam Paragon大型商場，食買玩住差不多可謂是一站式。

INFO
地址：444 MBK Center, Phayathai Road, Wangmai, Pathumwan
電話：02-216-3700
網頁：www.pprincess.com

MKB商場舒適按摩店

Let's Relax

在MBK商場有數家小型的按摩店，但説到要找間地方舒服，能提供不需要和其他人一齊做按摩的店，只有Let's Relax這一間。這裡的環境比較舒適和豪華一點，雖然是環境好一點，但價錢不算太貴。

INFO
地址：5/F
電話：02-003-1653
營業時間：10am-12mn
網頁：https://letsrelaxspa.com/branch/mbk-center

MBK Mall食堂新面貌

Food court

曾幾何時MBK Shopping Mall的food court是最受星馬港台朋友歡迎也是最經典的。隨著時代的轉變以及其他商場food court的出現，他們亦變革維新，地方變大變乾淨了，多了很多商舖在擺檔。整個food court的食物種類很多，與其他food court最大不同的是這個food court標註有大量中文，就算不太懂英文也可以對號入座，看圖識字點餐。

INFO
地址：6/F

創意泰多
Bangkok Art & Culture Centre

MAP 10-1/D1　02

🚗🚌 BTS National Stadium站3號出口經天橋直達。

在 MBK Siam Discovery 之間開了這個文化藝術中心。地庫有免費書局及免費上網服務，1至5樓是一家設計師的Showroom及創意商店。而6至8樓是展館，全泰最有文化、創意的產品都會在此展出，免費入場。

INFO
地址：939 Rama 1 Road, Wangmai, Pathumwan
電話：02-214-6630
營業時間：10am-9pm（星期一休息）
網頁：www.bacc.or.th

DIY首飾
Shannta 2a

理論上，在Bangkok Art and Culture Center內不應該有一些世俗平庸及商業味濃厚的店舖。這間店是賣首飾的，最大賣點是可以教你DIY首飾，遊客們可以上一堂兩小時的課程，學習怎樣去自製一條手鏈或耳環，感覺有趣。在泰國，這類教你自己做首飾的店不多，它所提供的並不是一般的假冒偽劣首飾，而是質量有保證的銀飾，所以這間店舖在Art and Culture Center 的出現，絕對是一個點綴。

INFO
地址：3/F
電話：02-610-0290
網頁：www.shannta.com

National Stadium
Sala Daeng
Chong Nonsi
Surasak
Saphan Taksin

退後了數條街

03

運動一條街

///////////////////////////// **MAP 10-1/B3**

🚌 BTS National Stadium站2號出口轉乘的士約5分鐘。

　　曾在之前的旅遊書中介紹過 National Stadium 後面有個稱之為「運動一條街」的街道，整條街主要是賣運動服飾或用品，甚至訂造獎杯等。

　　不過最近因為朱拉隆功大學有意將馬路擴闊（因條街是屬大學範圍），故全條街由 Soi 2 移到 Soi 10。如你鍾情於運動的話，尤其是對泰國球衣或泰拳用品等有興趣，必到此一遊。

INFO
First Sport店舖地址：7/6 Soi Chula 12, Pathumwan
電話：081-372-1688
營業時間：10am-5:30pm；星期日營業至4pm

獨有燒乳豬

MAP 10-1/B2 **04**

建興酒家Somboon（Bantadthong店）

//

🚌 BTS National Stadium站2號出口，面向馬路左行到運動用品街轉入，右邊見Soi 2, 4, 6，建興酒家在Soi 8內。

　　一條街上有兩間建興，一間吃中菜，有泰式乳豬；另一間吃泰菜，價錢較其他分店平。最拿手是他們的冬蔭功及咖喱炒蟹肉。

INFO
地址：895/6-21 Soi Chula 8, Bantadthong Rd.,Wangmai
電話：02-216-4203
營業時間：11am-9:30pm
網頁：www.somboonseafood.com

三更半夜齊齊搵Ma Ma

Jeh O Chula 05

/////////////////////// MAP 10-1/A3

🚗 BTS National Stadium站2號出口出,乘的士約4分鐘。

在BTS National Stadium站附近的Chula Soi 16對面,有一家很有人氣的餐廳,這家餐廳每天下午5:30起營業,所吃的只是一般泰式地道的小炒和粥之類的東西。但一到晚上就人氣旺盛,要排隊拿籌號,過了晚上10:30就不再派籌,令很多人只能望門興歎。

原來這家已開業了四十多年餐廳最多人吃的是MaMa麵,但直至近期才開始有「媽媽大碗麵」這個噱頭。客人必須在晚上10:30前到達排隊拿籌,拿了以後就對號入座。進去坐下後還不是馬上可以點媽媽麵。

當晚我和朋友去,10:30去到,點了麵,等到約12點左右麵才送到。其實這已是平常不過的事情,根據店主所説,製作這些麵非常花時間,也曾經因為有客人等得太久跟他們吵了起來,所以有一段時間沒有供應這款麵。

但對遊客來説,除了事先來排隊,也要等很久才可以吃,而且店員的英文程度可能不足以跟遊客溝通。當然看著網上圖片「手指指」也總勉強能叫到的。

INFO
地址:113/1 Thanon Charat Mueang, Rong Mueang, (opposite to Chula soi 16)
電話:081-682-16, 064-118-5888
營業時間:4:30pm-12mn(休息日請上facebook看通告)
網頁:www.facebook.com/RanCeXow

10-11

Sala Daeng

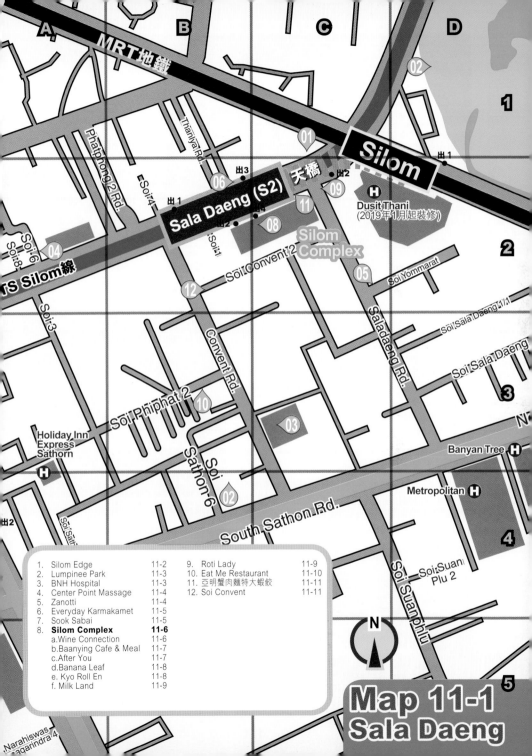

A
B
C
D

1

MRT地鐵

Silom

出1

02

01

Thaniya Rd.

出3

06

出2

09

Dusit Thani
(2019年1月起装修)

H

Phatphong 2 Rd.

Soi 4

出1

Sala Daeng (S2)

天橋

11

Silom
Complex

2

Soi 2

Soi 6

04

Soi 8

BTS Silom線

Soi Convent 2

08

05

Soi Yommarat

12

Soi Sala Daeng 1/1

Soi 3

Soi 1

Saladaeng Rd.

Soi Sala Daeng

3

Convent Rd.

Soi Phiphat 2

10

03

Soi Sathon 6

Banyan Tree

H

Holiday Inn
Express
Sathorn

H

02

Metropolitan

H

South Sathon Rd.

出2

Soi Sai

4

Soi Suan
Plu 2

Soi Suanphlu

1.	Silom Edge	11-2	
2.	Lumpinee Park	11-3	
3.	BNH Hospital	11-3	
4.	Center Point Massage	11-4	
5.	Zanotti	11-4	
6.	Everyday Karmakamet	11-5	
7.	Sook Sabai	11-5	
8.	**Silom Complex**	**11-6**	
	a.Wine Connection	11-6	
	b.Baanying Cafe & Meal	11-7	
	c.After You	11-7	
	d.Banana Leaf	11-8	
	e. Kyo Roll En	11-8	
	f. Milk Land	11-9	

9. Roti Lady	11-9	
10. Eat Me Restaurant	11-10	
11. 亞明蟹肉麵特大蝦飲	11-11	
12. Soi Convent	11-11	

N

Narahiswas
Nagarindra 4

5

Map 11-1
Sala Daeng

All Day Dining **MAP 11-1/C1**
Silom Edge `01`

BTS Sala Daeng站4號出口,面向馬路向右行至
Saladaeng Road,直入至街尾約15分鐘向左行。

Silom Edge其實就是昔日Silom Robinson
的前身,來來回回經歷了近10年才完成整個重
建計劃。Edge的 G/F及LG/F 如今變成一個
24小時不停All Day Dining的美食天堂:快餐
店、cafe、foodcourt和人氣船麵店Pranakorn
Noodle Restaurant都已經進駐!如果大家住在
Silom路上或附近,半夜想食宵夜,可以來這裡
醫肚。

INFO
地址:2 Si Lom, Suriya Wong, Bang Rak
時間:場地24小時,個別餐廳營業時有異
網頁:www.silomedge.com

坐艇跑步跳舞睇蜥蜴　　**MAP 11-1/D1**

Lumpinee Park 02

🚌 BTS Sala Daeng站4號出口，面向馬路右行，過馬路就到公園，或MRT Silom站1號出口。

曼谷公園Silom路對正的Lumpinee在曼谷已有很多年歷史，地方十分大，中午時分也有些情侶坐在人工湖旁邊餵白鴿及用40銖價錢租天鵝艇半小時遊覽湖光山色；更有趣是公園內隱藏了一些類似科莫多龍的大蜥蜴，牠們不會侵襲人類，但提提大家，這些大蜥蜴多會在早上或中午時出現在湖邊，但切記只可遠觀而不能接觸或追逐牠們啊！

INFO 地址：Rama IV Road. Bangkok

全泰最早私家醫院　　**MAP 11-1/C3**

BNH Hospital 03

🚌 BTS Sala Daeng站2號出口，面向馬路方向轉左行到Soi Convent，直行約12分鐘，在Naj餐廳旁。

原來在泰國，歷史最悠久的私家醫院是這間，地點十分近遊客區，若遇上頭暈身熱可選擇來這裡打針。這裡給你感覺似酒店多過醫院，如果光顧其身體檢查，更有免費早餐奉送，價錢由4,000銖起，一般來說檢查完畢後，兩小時便會有結果。

INFO 地址：9/1, Convent Road, Silom
電話：02-022-0700；急症室：02-632-1000
營業時間：10am-9pm
網頁：www.bnhhospital.com

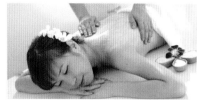

港客蒲點 **MAP 11-1/A2** `04`

Center Point Massage & Spa

🚗 BTS Sala Daeng站1號出口,向馬路方向右行,過了基督教醫院後轉入小巷。

作為3間分店中最靚最大最豪的一間,位處Silom夜市附近,Mango Tree泰菜後面。整間Spa感覺似一個泰式藝術文化館,上下各層都擺放了很多泰式擺設。腳底

按摩分2人、3人及5人房,泰式按摩房也有7人及2人之分,而Treatment房每間都有獨立噴射式沐浴或水力按摩缸。

INFO
地址:128/4-5 Silom Soi 6, Silom Road, Suriyawongse
電話:02-634-0341
營業時間:10am-12mn(last booking 11pm)
網頁:www.centerpointmassage.com

意大利餐廳 **MAP 11-1/C2**

Zanotti `05`

🚗 BTS Sala Daeng站4號出口,面向馬路向右行,行到Saladaeng Road直入5分鐘,在左邊。

到Silom Sala Daeng Colonnade樓下的意大利餐廳Zanotti吃飯,發覺越來越多香港人光顧,原因是許多人都在網上義務推介,美味、價錢合理、環境也優雅。光顧前,宜預先訂位,避免摸門釘。

INFO
地址:21/2 1/F Saladaeng Colonnade, Silom
電話:02-636-0002
營業時間:11:30am-2pm;6pm-10pm
網頁:www.zanotti-ristorante.com

泰國無印　　**MAP 11-1/B2** `06`

Everyday Karmakamet

🚕 BTS Sala Daeng站3號出口，在樓梯旁樓上。

這個牌子在JJ Market和Central World都有香薰專門店，Central World那間更有精美茶座，自己也是常客，名字就是Karmakamet。

這店是Karmakamet的新店且走新路線，所賣的分為五大類：一是Clean，是洗頭水、沐浴露、毛巾等等洗漱用品；二是Work，文具、袋、相機袋也有；三是Care，為抱枕、頭飾、鞋襪、T恤等；四是Eat，內裡有小型咖啡店所飲的，沒有Central World 的那麼貴和多元化，走的是簡單路線，只有咖啡奶昔等。

INFO
地址：BTS Saladeang exit 3, Yada Building, Silom
電話：02-237-1148
營業時間：10am-10pm
網頁：www.everydaykmkm.com

中越式新Spa　**MAP 11-1/D3**　`07`

Sook Sabai Health Massage

🚕 BTS Sala Daeng站4號出口，面向馬路向右行，行到 Soi Sala Daeng 路口直入行10分鐘，轉左直行過對面，但最好在Soi Sala Daeng 路口乘的士約 5分鐘。

店內有十多間的Treatment房，每間房都設有淋浴的設施，地下主要做普通泰式按摩及按腳服務，而樓上則是做Body Treatment的樓層。店舖走法越式情懷，由地下門口至走廊多個地方，都具法越甚至法國風情的感覺。顧客可以在預定時間3小時前致電或預定服務同時請店家安排，他們可以在4號出口的Silom Complex商場免費接載客人一同乘的士前往。

INFO
地址：23/13-14 YJA Building 3rd-4th floor,soi Saladeang 1, Silom
電話：02-637-5575
營業時間：10am-10:30pm
網頁：www.sooksabaispa.com

九大搵食新發現　**MAP 11-1/C2** `08`

Silom Complex

🚗🚌 BTS Sala Daeng站4號出口，有天橋連接。

商場樓高4層，暫時開放的為3層及地庫，裡面的店舖有五分之二和之前一樣，雖則有不少新店，但他們大部分都可以在其他地方找到，購物方面沒太大驚喜，反而飲食店較值得介紹。

INFO
地址：191 Silom Road, Silom, Bangrak
電話：02-632-1199
時間：10:30am-9pm
網頁：www.silomcomplex.net

紅酒伴靚扒　`8a`

Wine Connection

🚗🚌 BTS Chong Nonsi站3號出口即見。

地庫全層為食肆，最引人注目的是一間分為室內及室外的wine bar，亦是全商場裡環境最好及最優雅的一間餐廳，有紅酒及白酒出售，最特別之處是它全天都有早餐供應。如果你住在附近的酒店，又碰巧沒有早餐提供的話，任何時候都可來這裡叫一個早餐，而扒類價錢也不昂貴。

INFO
地址：B11-A and B11-B, 8/F
電話：02-231-3149
網頁：www.wineconnection.co.th

越開越多

Baanying Cafe & Meal **8b**

這店最初只賣簡單的火腿蛋飯給大學生，口碑好，便衝出 Siam Square 向多個商場進發，結果成功搶灘，食物除了有左下圖經典的學生蛋飯，更有一些略具創意的泰菜，價錢公道，但卻經常要等位。

INFO
地址：M/F
電話：02-231-3262

泰國最受歡迎甜品

After You **8c**

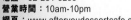

這間甜品店在 Siam Paragon 樓下也有分店，它可以說是一個奇蹟，每日有很多人來排隊，可能因為是本地品牌效應，所以才如此受歡迎，分店越開越多，任何時間都有許多客人排隊等位。

INFO
地址：2/F
電話：02-231-3255
營業時間：10am-10pm
網頁：www.afteryoudessertcafe.com

~ Silom Complex ~

至受歡迎泰國菜

Banana Leaf 8d

今日店舖比昔日舊舖地方更加大,所食的是他們較為特色的泰菜,包括:咖喱炒去殼蟹肉及檸檬雞等等,多款菜式更是只有這裡才有。價錢不貴,地方簡單乾淨,最適合吃個快餐後急急血拼!

INFO
地址:4/F
電話:02-231-3124
網頁:www.bananaleafthailand.com

百吃不厭   **8e**

Kyo Roll En

Kyo Roll En 的甜品卻是百吃不厭,因為店家主打無人工添加物的甜點。賣相精緻,價格相宜,而且不時又有季節限定的特別造型甜點,特別一提,這家分店設有堂食,路過的不妨留意一下。

INFO
地址:8/F
電話:065-717-9010
時間:10am-9:30pm
(L.O. 9am)

老牌奶字號
Milk Land

作為泰國一家奶類產品的老字號，必需要與時並進，才可生存。除了生產日常飲用的牛奶之外，還製造各款奶類甜品，而且深受國人歡迎。這家分店專售雪糕和鮮奶刨冰/凍飲，行得累的話坐低食返杯充充電喔！

INFO
地址：2/F
電話：086-363-7599
時間：10am-10pm

Silom路人氣小攤
薄餅西施Puy   MAP 11-1/C2   09

BTS Sala Daeng站2號出口，沿Silom Road行至Saladaeng Road，盤谷銀行門口轉角位即見。

這陣子幾個夜都有流行推介靚女西施，吸引大家去買果汁/小吃，原來Silom Road都有一位薄餅西施（Roti Lady），人氣甚高。

西施的名字叫「Puy」，每次做薄餅時都使出渾身解數，有板有眼。薄餅味道不錯，基本雞蛋薄餅就25銖，加香蕉的話就加10銖。熱辣辣的邊行邊吃，風味十足。

西施眉清目秀，每日去Suan Plu Market預備材料，然後一手駕著綿羊仔，一手扶著廚房車到路口開檔。近日有新聞指警察當局要迫她搬走，幸好有有心人幫她渡過難關，暫時可以繼續在Saladaeng Road路口為大家煎餅。

INFO
地址：Silom Road及Saladaeng Road交界
營業時間:5pm-9pm
網頁：IG: roti_lady_thailand

越食越為食 **MAP 11-1/B3** 10

Eat Me Restaurant

🚗🚌 BTS Sala Daeng站4號出口，

由來自澳洲的兩兄妹Darren和Cherie拍檔開設的Eat Me Art Restaurant，一店兩用，既是餐廳，吃的是創意十足Fusion菜，又是畫廊，牆壁不時會更換泰國新晉藝術家的作品，一邊享受口福之餘，更一邊盡飽眼福，看中的話並可買回家。

INFO
地址：20 metres off Convent Rd.（in Soi Pipat 2），Silom
電話：02-238-0931
營業時間：3pm-1am（翌晨）
網頁：www.eatmerestaurant.com

Silom 區平民美食　**MAP 11-1/C2**

亞明蟹肉麵特大蝦餃 `11`

🚗 BTS Sala Daeng站4號出口徒步約1分鐘

小店叫亞明，主打蟹肉麵特大蝦餃，招牌是簡單的一個紅色圓形，裡面一個明字，十分好認，不過店裡沒有中文餐牌，大家看圖點菜囉！

招牌的特大蝦餃，其實更像是我們常見的雲吞，可以點撈麵、湯麵或飯來配，麵也很像平時吃細蓉的鹼水麵，麵條幼細，雲吞都算大粒。麵裡還可以加叉燒，不過叉燒就較為薄。所以如果想吃叉燒的話，不如點叉燒燒肉飯，還可以加蛋。

INFO
地址：183 Silom Road 10500 Silom
電話：090-953-2249
網頁：www.facebook.com/NaiMeng/

Silom區是遊客眾多的一個旅遊區，但除了遊客外，還有不少的本地人覓食私竇，特別是Soi Convent，7仔的那條小路全部都是街頭美食有港式雲吞面、豬手飯、碟頭炒菜加飯等等泰式小菜，很多泰國人收工經過都會打包一兩份做晚餐，要尋找地道、草根的味道不需要穿州過省，這裡就可以食到十幾銖一份的地道美食。

INFO
地址：Soi Convent
營業時間：6:00pm後開始，至1:00am左右；
　　　　　逢星期一所有夜市食檔休息

晚上食得夠地道　**MAP 11-1/B2**

Soi Convent `12`

🚗 BTS Sala Daeng站2號出口直行見路口轉左

Chong Nonsi

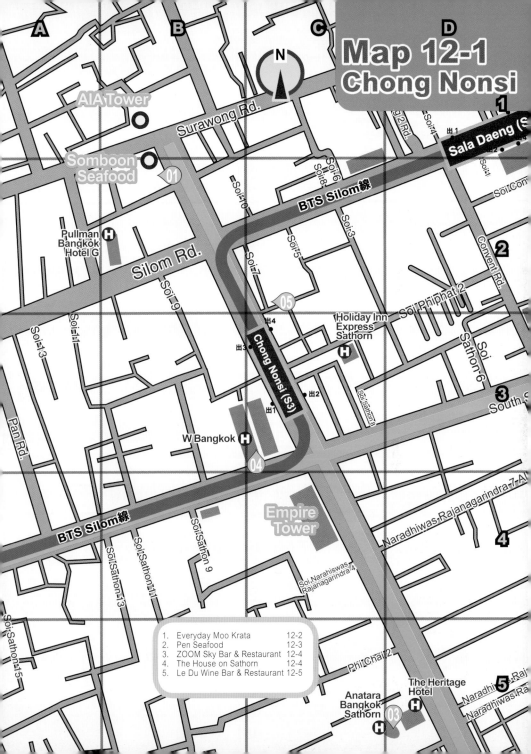

Map 12-1
Chong Nonsi

A   B   C   D

N

AIA Tower

Surawong Rd.

Somboon Seafood

01

BTS Silom 線

Sala Daeng (S

Soi 6
Soi 8
Soi 10

Soi 5
Soi 3
SSoi 5

Soi 7

Convent Rd.

SoiCon

Pullman Bangkok Hotel G H

Silom Rd.

Soi 9

05

Soi 11

Soi 13

出4

出3

Holiday Inn Express Sathorn H

Soi Phiphat 2

Soi Sathon 6

Chong Nonsi (S3)

出2

Soi Sathon 8

出1

South S

W Bangkok H

04

Pan Rd.

BTS Silom 線

Soi Sathon 9

Soi Sathon 11

Soi Sathon 13

Soi Sathon 15

Empire Tower

Naradhiwas-Rajanagarindra 7-A

Soi Narahiswas Rajanagarindra 4

Naradhiwas-Rajanagarindra 7-

1. Everyday Moo Krata   12-2
2. Pen Seafood   12-3
3. ZOOM Sky Bar & Restaurant   12-4
4. The House on Sathorn   12-4
5. Le Du Wine Bar & Restaurant   12-5

PhiriChai 2

The Heritage Hotel H

Anatara Bangkok Sathorn H

03

Narad hiwas-Rai

Narad hiwas-Rai

1
2
3
4
5

BTS Chong Nonsi站3號出口往Silom Rd方向
徒步約3分鐘，當舖（藍色招牌）店旁。

一店兩制
Everyday Moo Krata

MAP 12-1/B2

01

不能夠説它精神分裂，但的確地舖sell咖啡，樓上主打燒豬肉，完全風馬牛不相及。不過有理無理，好飲好吃就是真理。日間就安靜品嚐美食，晚上就有當地人氣青春live band歌聲相伴，絕對貼地，氣氛一流。

特別推介豬肉片鍋（Moo=豬肉；Karta=鍋），店家用一個中央突起的淺鍋，四周盛著高湯「打邊爐」，由下方的炭爐加熱；中央則讓客人放上豬肉片烤熟，一鍋二用，風味甚佳。

INFO
地址：6 Naradhiwas Rajanagarindra Rd., Suriya Wong, Bang Rak
電話：095-724-4521 營業時間：Cafe 9am-6pm/ 燒豬肉 1:30-11:30pm
網頁：IG:everyday.bangkok

有大食大三十多年老字號泰國地道海鮮店

Pen Seafood 02

///

🚗 BTS Chong Nonsi站2號出口轉乘的士約5分鐘。

提起海鮮店這回事，最多人認識的就是
Somboon Seafood，但亦引申出有人會覺得
這些地方是專給遊客去的，其實泰國也有很多
地道海鮮店，是為本地人所設價錢相宜的，只
是有些地點實在有點兒遠。

店主是泰國女人，店舖已經開業三十多
年，當年周杰倫、何家勁也曾被本地泰國人帶
來光顧，裡面吃的是一些很有特色的海鮮，價
錢不算貴。

此外，他們的燒蟹也是大
大碟，還有Yam炸銀鱈魚
長腳蟹肉炒菜等等，都不
是其他一般泰國海鮮店可
以見到的。

Google Map

INFO
地址：25 Chan Rd., Chongnonsee Yannawa
電話：02-287-2907
時間：11am-2pm；5pm-10pm
網頁：www.facebook.com/penseafoodrestaurant

曼谷超輕鬆天台餐廳

MAP 12-1/D5 03

ZOOM Sky Bar & Restaurant

🚇🚕 BTS Chong Nonsi站2號出口轉乘的士約4分鐘。

餐廳可以看到的景是360度，坐的位置分為很多區，其中一區是望向Silom那邊，風景最靚，晚上放眼望去能看到一條長長的車道閃爍著黃色車燈，感覺像火龍一樣很漂亮。

餐廳的氣氛比較輕鬆，皆因沒有dress code，小朋友如有成人陪同都可以一併進入。主菜價格約700銖起錶，中等價位，算是物有所值。

INFO
地址：36 Narathiwat-Ratchanakarin Road
電話：02-210-9000
營業時間：5:30pm-1am
網頁：www.bangkok-sathorn.anantara.com/
zoom-sky-bar-restaurant

優雅露天Aftenoon Tea

MAP 12-1/C3 04

The House on Sathorn

🚇🚕 BTS Chong Nonsi站1號出口穿過Sathorn Square商場，即見W酒店。

這間舊屋擁有百多年歷史，舊屋被接手之後，便成了W Hotel的新一部分。

大屋內裡很華麗很美，有The Dining Room、The Bar與The Courtyard，各有不同的特色。而在這裡的中心部分是一個露天花園餐廳The Court-yard，每日提供簡單的午餐，大約700至900銖便有兩個三國菜式，都算值得一試，而晚上亦有提供晚餐。

INFO
地址：106 North Sathorn Road
電話：02-344-4000
營業時間：12nn-10:30pm；Bar營業至 12mn
網頁：www.thehouseonsathorn.com

W酒店附近的相宜fusion set dinner

MAP 12-1/C2 05

Le Du Wine Bar & Restaurant

🚗🚌 BTS Chong Nonsi站4號口出，落到地面，面向馬路朝右行，路口見到7-11轉入便會見到。

W酒店的位置在Sathorn區，Chong Nonsi BTS站附近，不少住在這間酒店的朋友都想找一些價廉物美的餐廳，Le Du 是其中一家值得一試的餐廳。

餐廳只做晚市，提供fusion泰菜，他們的廚師早年曾在美國的米芝蓮餐廳幫手，所以烹調方式也有其獨特風格，menu每三個月更換一次，每碟菜上枱的賣相都各有不同，希望能夠提供新鮮感給大家。

以fusion菜來說，900銖的價格不算很貴，餐廳位置也很好，食物水準盡量保留了泰國菜的特色和味道。

INFO
地址：399/3 Silom Soi 7, Bangrak
電話：092-919-9969
時間：星期一至六6:00pm-11:00pm（星期日休息）
網頁：www.ledubkk.com

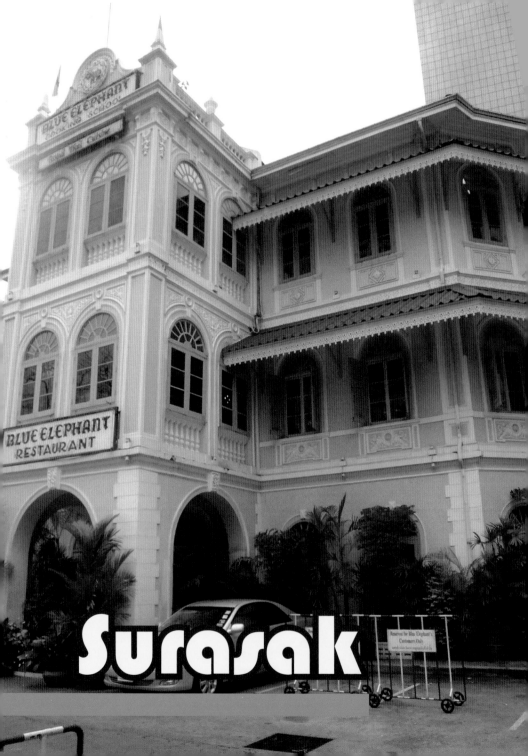

Surasak

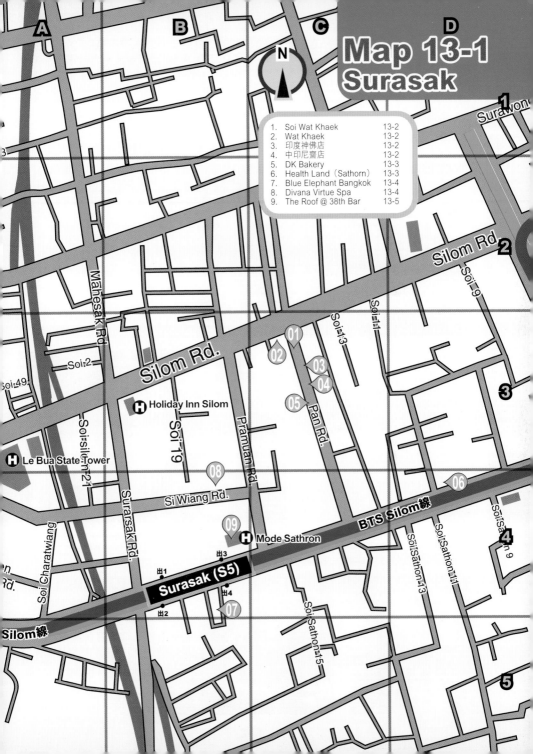

Map 13-1
Surasak

1. Soi Wat Khaek 13-2
2. Wat Khaek 13-2
3. 印度神佛店 13-2
4. 中印尼齋店 13-2
5. DK Bakery 13-3
6. Health Land（Sathorn） 13-3
7. Blue Elephant Bangkok 13-4
8. Divana Virtue Spa 13-4
9. The Roof @ 38th Bar 13-5

另類發現　**MAP 13-1/C3**　`01`

Soi Wat Khaek

🚕 3號出口乘的士，約8分鐘車程，或可從 Silom Complex門口乘的士，約10分鐘。

Thanon Pan——當地人稱之為Soi Wat Khaek（Soi 屈劇），即是Soi印度廟。不少行家都只知道這是全國出名的印度廟，但其實整條巷也甚有特色，當中包括：

INFO
地址：Pan Road, Silom Road, Bangkok
電話：02-238-4007

印度廟　**MAP 13-1/C3**

Wat Khaek `02`

1879年由當地的印度人所建，內裡供奉了印度女神、印度象神、四面神及一些泰式的神佛，而裝修設計甚有印度色彩。廟內可以求籤，但不准拍攝。

INFO
地址：On the corner of Silom-Pun Road
電話：02-238-4007
營業時間：6am-8pm

*Soi Wat Khaek*巷上

印度神佛店 `03`

MAP 13-1/C3

巷中花檔賣的花串與一般花檔的不一樣，因為這裡的花串供奉的是印度神，非泰國神。而附近亦有專賣印度佛像的店舖，並稱佛像已開光。

INFO　營業時間：11am-8pm

*fusion*齋菜　**MAP 13-1/C3**

中印尼齋店 `04`

在廟巷頭，有不同的齋店，全年無休，清一色賣齋菜。中式齋飯、麵食、印度齋菜及尼泊爾齋菜均有售賣，而且價錢相宜。

INFO　營業時間：10am-8pm

香香小食　**MAP 13-1/C3**

DK Bakery 05

這間歷史悠久的麵包店在這區很著名，每次經過都會嗅到陣陣麵包香味，最著名是牛油曲奇餅和杯裝咖央醬。

INFO

營業時間：8am-8pm

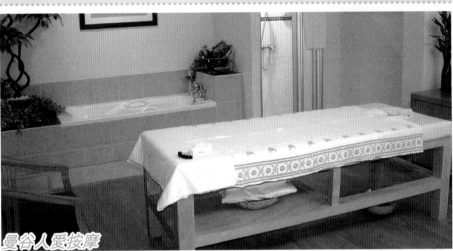

曼谷人愛按摩

Health Land（Sathorn）　MAP 13-1/D4　06

3號出口，面向馬路轉左直行約10分鐘。

INFO
地址：120 North Sathorn Rd., Silom
電話：02-637-8883
營業時間：9am-12mn
網頁：www.healthlandspa.com

在曼谷已有3間分店的Health Land，-Sathorn分店是3層樓高的小別墅，擁有過百間房及按摩師。按摩價錢比遊客區便宜，但因實在太多本地人光顧，很多時候就算約好時間，也要耐心等待，切勿太介意服務態度一般。

13-3

一「象」三用

Blue Elephant Bangkok

MAP 13-1/B4 `07`

🚗 2號出口，在車站旁邊。

位於一間古舊大屋裡的Blue Elephant Bangkok，地下是吃泰菜的餐廳，裝修極富泰國色彩。不吃飯，只到2/F法式酒吧也可以。

3/F用作泰菜班，課程分上、下午班授課，以英語為主，但要早一天報名。

INFO
地址：233 South Sathorn Road, Kwaeng Yannawa, Khet Sathorn
電話：02-673-9353
營業時間：11:30am-2:30pm、6pm-10:30pm
網頁：www.blueelephant.com/bangkok

又一美麗Spa Divana

Divana Virtue Spa `08`

MAP 13-1/B4

🚗 3號出口，面向馬路往左行至路口轉入，直行至第一個路口，轉左入行約5分鐘。

這裡是花園式的Spa，暫時分了兩部分，大屋是reception及小客廳，樓上是Spa房，之後旁邊有小水池，池邊有4間Spa Villa，與之前其他分店不同，這裡每間都有自己的浴缸和獨立廁所，不假外求，大屋及房間設計很有小英倫感覺。店內有特別的新Treatment，包括用鮮芒果做body scrub，再加香檳沖身。

INFO
地址：10 Srivieng Silom, Bangrak
電話：02-236-6788
營業時間：11am-11pm（星期六日10am開店，Last booking 9pm）
網頁：www.divanaspa.com/VirtueSpa

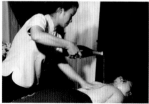

曼谷新360度自轉露天酒吧 **MAP 13-1/B4**

The Roof @ 38th Bar 09

The Roof @ 38th Bar 設在 Mode Sathon 酒店上層37樓，跟住上去就會見到他們的360度自轉露天餐廳和酒吧，所謂自轉是自己行去轉，不是電動轉。如果你是酒店的住客，則可享受較為寬鬆的 Dress code，背心短褲拖鞋也能夠進場；如果你是外來客人的話就要著得嚴謹一些。

INFO
地址：144 North Sathorn Road, Silom
電話：02-623-4555
營業時間：5pm-1am（翌晨）（L.O. for food 11:30pm；for drinks 12:30am）
網頁：www.modesathorn.com/gastronomy

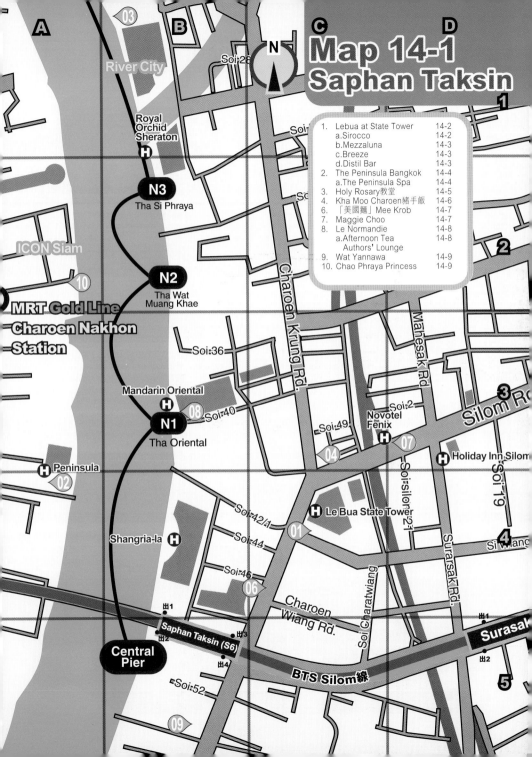

A B C D

Map 14-1
Saphan Taksin

03

River City

Soi 28

N

1

Royal
Orchid
Sheraton
H

Soi

Soi

N3
Tha Si Phraya

ICON Siam

10

N2
Tha Wat
Muang Khae

MRT Gold Line
Charoen Nakhon
Station

Charoen Krung Rd.

Mahesak Rd.

Soi 36

Silom Rd.
3

Mandarin Oriental
H
08 Soi 40

N1
Tha Oriental

Soi 49

Soi 2
Novotel
Fenix
H
07

04

Holiday Inn Silom
H
Soi 19

H Peninsula
02

Soi silom 21

H Le Bua State Tower

Surasak Rd.

Si Wiang
4

Shangria-la H

Soi 42/1
01

Soi 44

Soi 46
06

Soi Charatwiang

Charoen
Wiang Rd.

出1
Surasak
出1

出1
Saphan Taksin (S6)
出3
出2

Central
Pier
出4
出2

BTS Silom線

Soi 52

5

09

客似雲來一門五傑 **MAP 14-1/C4** `01`

Lebua at State Tower

🚗 BTS Saphan Taksin站3號出口,面對大馬路向左走,過了Robinson百貨再直走約10分鐘過馬路,就在警崗旁。

人氣旺盛的Lebua,頂層63/F及64/F的Sirocco、Distil和Mezzaluna固然越來越多訪客,加上Breeze和State Room,更是越戰越勇,星級的酒店房間,可謂一門五傑。

來Sirocco等餐廳宜注意衣著打扮,拖鞋短褲免問,手持數大袋購物膠袋亦不歡迎。而且要預早訂位,否則分分鐘白行一趟。

如的士司機不知道Lebua at State Tower在哪裡,必要時可對司機説:「幣弄扮略閃」(去「略閃」醫院),因醫院就在Lebua at State Tower旁邊。

INFO
地址: 1055 Silom Road, Bangrak
電話: 02-624-9999
網頁: www.lebua.com/state-tower

INFO
地址: 63/F
電話: 02-624-9555
營業時間: 6pm-1am

坐擁無敵靚景

Sirocco `1a`

餐廳吃的是地中海菜,無遮無掩,一望無際殺死人無敵靚景,已是遊客必到之選。餐飲區消費不菲,但氣氛一流;若只想飲番杯,可站在Sky Bar也可以看到美景,但只供站立,沒有座位。曼谷6至10月是雨季,晚上如訂位後因天雨關係,會轉移往Breeze晚膳。

左側標籤: National Stadium | Sala Daeng | Chong Nonsi | Surasak | **Saphan Taksin**

一覽無遺歎意菜 **1b**

Mezzaluna

更上一層樓，是全落地玻璃的意大利餐廳 Mezzaluna，貫徹 Sirocco 的無敵全景優勢，1至7號桌全部景致開揚，環境舒服，每晚更有小樂隊伴奏。

INFO
地址：65/F
電話：02-624-9555
營業時間：6pm-1am（L.O. 10pm；逢星期一休息）

1c

高人一等

Breeze

曾舉辦100萬銖一餐泰門夜宴的 Breeze 坐落於51/F，但一樣有超無敵夜景附送（想坐靚景位，便要於訂位時，指定坐擁有無敵景觀的1-5號枱），除了分室外和室內，更有天橋、瀑布。Breeze 高兩層，加上華麗的布置，比 Sirocco 更吸引，食物則與 Sirocco 不同，主力供應亞洲式海鮮。

INFO
地址：51/F & 52/F
電話：02-624-9555
營業時間：6pm-12mn（L.O. 11pm）

日夜也是醉人

Distil Bar **1d**

比 Sirocco 較 free，提供各式美食之餘，就算點一杯 Cocktail 皆可，因此消費也較低。有戶外露天大梳化及室內兩個地帶，同樣是全城靚景所在，可俯望昭拍耶河全貌，環境、氣氛都不輸蝕。酒不醉人人自醉。

INFO
地址：64/F
電話：02-624-9555
營業時間：5pm-1am（翌晨））

14-3

National Stadium
Sala Daeng
Chong Nonsi
Surasak
Saphan Taksin

National Stadium

Sala Daeng

Chong Nonsi

Surasak

Saphan Taksin

貴氣洋洋

MAP 14-1/A4　**02**

The Peninsula Bangkok

🚗🚇 3號出口，乘的士約8分鐘。或乘BTS在Saphan Taksin站下車，往碼頭找店船專用碼頭，可免費搭船過河去半島，5分鐘便到。
Google map：13.723022,100.511405

貴氣，肯定是曼谷半島酒店的強項。每間房都有私人HiFi、Fax機，而且起碼有6部電話。最誇張是沖涼缸旁有Hand-free的電話，按掣便可通話，套房有靚景水力按摩池、私人健身室及私家書房。如此設備，其他同級酒店亦少見。長形泳池很有resort feel，予人私人空間感。

INFO
地址：333 Charoennakorn Road, Klongsan
電話：02-020-2888
網頁：bangkok.peninsula.com

曼谷最大酒店Spa

2a

The Peninsula Spa

The Peninsula Spa與香港半島酒店一樣，都是交由ESPA管理，以保質素及水準。重建了一幢3層小屋，18間treatment房，竟有升降機，大過所有三、四、五星級酒店spa。甫進入3層樓的Spa大屋，一字排開燈籠陣已有氣勢，上一層樓梯旁全是清邁運來的紅磚。2/F是treatment房有2個休憩地帶，供客人做完spa後休息，並可戴headphone聽音樂。而3/F則是4間有私家浴缸的套房，其中2間可在浴缸看到河景。

INFO 電話：02-6267946

Chao Phraya上的玫瑰皇冠

Holy Rosary教堂（Kalawar Church）

MAP 14-1/B1　03

地點靠近唐人街可坐地鐵在Hua Lumphong站出再轉的士或在BTS Saphan Taksin站坐Chao Phraya river boat到(N3) Si Phraya Pier碼頭再行約10分鐘。

過去教堂兩次重建，現在採用的是奶白色結構，樓底很高，頂部呈尖塔形。聖母瑪利亞的雕像聳立在主入口拱門的上方，凝視著遠方。

從Saphan Taksin BTS站坐船往大皇宮之時右手邊會見到一座歐洲式教堂，原來大有來頭！話説葡萄牙人在曼谷建都四年後的1786年，從一世皇手上得到土地，建了此曼谷的老教堂Holy Rosary Church。和Santa Cruz Church一樣，他們都是沿著Chao Phraya而建，此時的Holy Rosary教堂為曼谷銀行。

這個天主教教堂的曾用名是Kalawario，意為耶穌被釘死於十字架上的地方，隨後被改為Kalawar。Rosary，是拉丁文玫瑰花園的意思，玫瑰被認為是花的皇后，所以才選擇用此來作教堂之名。每晚7時泰文彌撒，每逢星期日早上10時有中文彌撒。

INFO
地址：Thanon Yotha, Talad Noi
電話：02-266-4849
營業時間：8am-7:30pm

全泰著名的地道豬手

Kha Moo Charoen `04`

MAP 14-1/C3

🚌 BTS Saphan Taksin站3號出口，在Le Bua Hotel對面Silk Hotel旁的小巷之中。

如果敢說這家豬手飯是泰國第二好味的話，相信沒有其他店家夠膽認第一。這家開業近70年的餐廳，不賣裝修，只賣味道，加上米芝連的榮譽，必定要花點時間來試試。

店家會將豬手和白飯分開端上，撈汁多少，悉隨尊便；桌上更提供特製酸辣醬，吃得更過癮。有網友表示試過10:30am到店，但店家表示豬腳仔已經售罄。

INFO
地址：Silom Cow Ka Moo
電話：02-234-4602
營業時間：8:30am-1:30pm

路邊高級鱸魚粥　**MAP 14-12**　`05`

Khao Tom Pla Kimpo

🚌 BTS Saphan Taksin站3號出口，在Robinson百貨過馬路到另一邊乘的士，直去10分鐘，Chatrium Hotel Riverside Bangkok對面。

在往Asiatique夜市途中的左邊有間數十年的老店，店主是個潮州老華僑，賣的是泰式魚粥。粥的味道較像潮州粥，由經煮近8小

時的鱸魚湯來灼熟食材，即叫即煮，份量十足，原來店主每天都會引入新鮮的大鱸魚，然後斬件煮湯。

INFO
地址：1897, Charoenkrong Road, Wat Phraya Road, Bangkholame
電話：02-675-2598
營業時間：6pm-12mn

去Asiatique夜市前必食 **MAP 14-1/C4**
「美國麵」 Mee Krob 06

////////////////////

🚗 BTS Saphan Taksin站3號出口，過對面馬路便是。

首先解釋，「美國麵」並非指麵條來自美國，而是泰國的 Mee Krob，指的是炸得好脆的麵條。

這間在 BTS Sphan Taksin 站旁 Robinson百貨對面名為「興」的小店，店主是潮州人，店名有富貴富有之意。這裡的麵其實很多地方都有，但較易去的是Sphan Taksin 這間，且較好味。如果大家去 Asiaqtiue 夜市的話，可以上船前在此試試。

地址：Charoenkrung Road opposite Soi Charoenkrung 50（Robinson Bangrak）
電話：02-234-5226
營業時間：10am-8:30pm

Silom區回到舊中華地下鐵寶 07
Maggie Choo
////////////////////
MAP 14-1/D3

🚗 BTS Saphan Taksin站3號出口徒步約5分鐘至Lebua at State Tower，餐廳在斜對面的Novotel酒店下面。

這間夜蒲店健康過健康，因為裡面有不少場景供大家影相留念。從酒店旁的樓梯直落即見食店，主打中式粉麵飯，200銖左右起。食店旁有一間大型Pub，表演主題每晚不同，包括中性人表演、樂隊表演等等。要留意，短褲拖鞋不能入場。

地址：Underground of Hotel Bangkok Fenix Silom, 320 Silom, Bangrak
電話：091-772-2144
營業時間：7:30pm-2am（翌晨）；星期五六至3am
網頁：www.facebook.com/maggiechoos

精選餐廳@曼谷文華東方酒店

甜品的藝術 **MAP 14-1/B3**

Le Normandie

08

🚌 BTS Saphan Taksin站3號出口轉乘的士約4分鐘。

愛到文華東方頂樓的「諾曼第」食午餐不是因為平（真的不太便宜，每位千多銖），而是欣賞他們午餐後送上的甜品。套餐後會提供兩件甜品，受過專業訓練的侍應在放了蛋糕的碟上花3、5分鐘便畫了一幅小畫，是整個午餐中最有特色的地方。但大家記緊背心、無領T-shirt、短褲、拖鞋、波鞋都不可進入。

INFO
地址：48 Oriental Avenue
電話：02-659-9000 ext 7399
營業時間：12nn-2pm；7pm-10pm（星期日休息）
網頁：www.mandarinoriental.com/bangkok/
chao-phraya-river/fine-dining/restaurants/
french-cuisine/le-normandie

以茶會友

Afternoon Tea Authors' Lounge

8a

Afternoon Tea 以茶為主，這裡有10種從法國入口的茶葉供選擇，和其他酒店的茶包茶不同，落order後也要等一會才有。

Tea Set方面分了傳統西式及東方泰式兩種。而提供Afternoon Tea的Authors Lounge，其實也可以說是一個五世皇紀念館，入面的設計也是泰國五世皇時代的白木式主題，人客亦可選擇於The Trophy Room之內進食。供應時間為每日11am至6pm，星期日則改在樓上的「諾曼第」法國餐廳舉行。

INFO
地址：48 Oriental Avenue
電話：02-659-9000 ext 7390
營業時間：11am-7pm；下午茶12nn-5:30pm
網頁：www.mandarinoriental.com/bangkok/fine-din-
ing/authors-lounge

National Stadium

Sala Daeng

Chong Nonsi

Surasak

Saphan Taksin

陸上行舟曼谷古老龍船寺 **MAP 14-1/B5**

Wat Yannawa 09

🚗 BTS Saphan Taksin站4號出口，面向馬路向右行5分鐘在旁邊。

泰國華僑對泰國做出的貢獻可謂多不勝數，最大的建設之一是開拓了中泰間的海上經商之路，三世皇為了讚揚華僑的貢獻，將一間在現時Sphan Taksin BTS站旁的皇家佛寺改建為龍船寺。

廟內供奉不少的舍利塔，舍利塔內寄存仙遊僧侶火葬經燃燒不碳化的晶體，傳說這些小晶體會不斷生長，而高僧的舍利會化成透明的水晶。

INFO
地址：1648 Thanon Charoen Krung. Area Bangrak & Riverside, Saphan Taksin BTS
電話：02-672-3216　　營業時間：8:20am-9pm

不易暈浪船河夜宴 **MAP 14-1/A2** 10

Chao Phraya Princess

🚗 BTS Charoen Nakhon站（金色線）前往 ICON Siam 碼頭上船。

相對其他船公司來說，他們的價錢較平，而且更有「遲到」服務，如果人客遲到，他們的大船在8時開走後，仍會有員工在碼頭守候。人客一旦到來，便會用小船接人客出河會合大船，十分有心。此外，船上下兩層的地面都是由雲石鋪砌，重量令船身顯得平穩，人客不易暈浪。每晚7:30pm在ICON Siam 碼頭出發，沿昭伯耶河來回往返，讓遊客欣賞河岸兩邊的夜景，9:30pm回程。

INFO
上船點：ICON Siam Pier出發
電話：02-860-3700
網頁：www.thaicruise.com

最新最大曼谷河邊夜市 **MAP 14-12** **11**

Asiatique The Riverfront

BTS Saphan Taksin站2號出口行往碼頭，每天下午5時起有免費船接送遊客來往，船程約10分鐘。或在3號出口過對面馬路轉乘的士約8分鐘。

位於曼谷Charoen Krung路的河邊夜市Asiatique，作為亞洲區最大的夜市，擁有全泰國最長的河邊直路作碼頭用。人客可以傍晚時分在Saphan Taksin坐船，每天下午4時起每15分鐘一班船免費送人客去夜市；尾班船11:30pm，回程也是每15分鐘一班。這個夜市的主題是懷舊仿古，店舖坐落在仿古舊貨倉裡。夜市佔地相當大，貨倉式設計，有瓦遮頭。

INFO
地址：2194 Charoenkrung Road, Wat Phrayakrai District, Bangkor Laem
電話：092-246-0812（4pm-10pm）
　　　02-108-4488（10am-6pm）
營業時間：4pm-12mn
網頁：www.asiatiquethailand.com

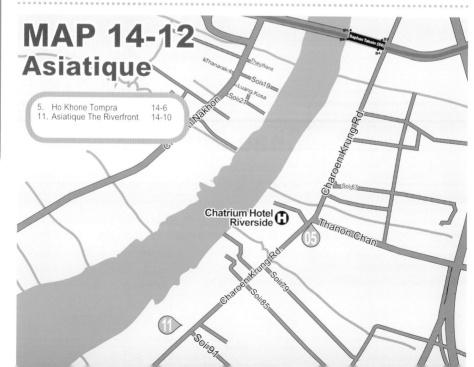

MAP 14-12
Asiatique

金碧輝煌禮佛地

大皇宮 MAP14-14/B3

12

🚇🚌 MRT Sanam Chai 站1號出口徒步約8分鐘。

　　大部分旅客初到曼谷都會用半日聯遊湄南河東岸的大皇宮（Grand Palace），它建於1782年，仿照故都大城的舊皇宮而建，匯集泰國建築、繪畫及雕刻藝術的精髓。曼谷皇朝一至八世國王均居住於此，擴建後現有28座布局錯落有致的古建築群，其中4座主建築曾是曼谷皇朝歷代泰皇加冕、議政和居住的地方，總面積約218,400平方米，分為外宮和內苑。

　　現時除舉行加冕典禮、宮廷慶祝等儀式和活動外，平時外宮仍對外開放。最值得參觀是3層高主殿節基殿（Hakri Maha Prasad）、大皇宮最先建造的律實宮（Dusit Maha Prasad）和阿瑪林殿；至於內苑武隆碧曼宮一般不開放參觀，只能在外面跟「泰版御林軍」拍照留念。

INFO

地址： Na Phra Lan Rd, Maharaj Pier, next to Wat Phra Kaeo Temple Complex
電話： 02-623-5500 ext 1124或3100
營業時間： 每天8:30am-3:30pm（遇到皇室典禮不開放）
入場費： 500銖/位
網頁： www.royalgrandpalace.th/en/home

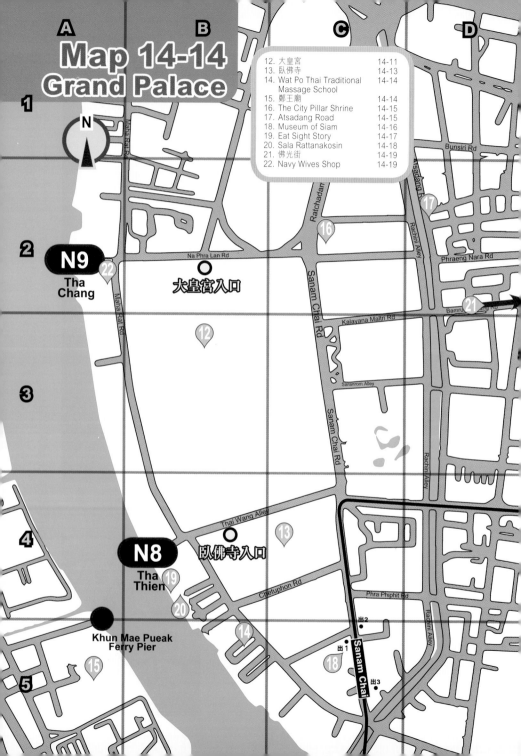

曼谷最大臥佛

臥佛寺 13
MAP14-14/C4
///////////////////

　臥佛寺（Wat Pho）位於大皇宮的南面，建於1793年，佛塔規模及佛像數量均居曼谷佛寺之首，故此又稱「萬佛寺」，是拉瑪一世時期的建築物，也是曼谷最老和最大的寺院。佔地80,000平方米，分成佛堂、僧舍和佛塔三大部分。最著名是全長46米、身高15米的臥佛，臥佛的足掌長度已達5米，幾乎佔了整個殿堂的釋迦牟尼慈悲為懷佛悠然躺臥在佛壇上，不忘普渡眾生為己任；殿內四壁有巨幅壁畫，以釋迦牟尼的一生為主題；鑲嵌貝殼刻成的108個吉祥圖，非常精緻，蘊含回頭是岸的佛理。

🚗🚌 MRT Sanam Chai 站1號出口徒步約5分鐘。

INFO
地址：Sanam Chai road and Maharaj road next to the Grand Palace
電話：02-226-0335
營業時間：8am-6:30pm
入場費：100銖/位
網頁：www.watpho.com

臥佛寺鬆一鬆 **MAP14-14/B5** 14　　臥佛寺後方

Wat Po Thai Traditional Massage School

臥佛寺除禮佛外，更有泰式按摩服務，技師手勢正宗，在臥佛寺享用按摩，原有的按摩學校雖已遷往他處，不過技師仍是由該校剛受訓完畢派來實習的。注意遊客先要付50銖參觀臥佛寺的入場費。由於沒有私家房和冷氣，建議12月至2月來會較舒服。

INFO
地址：392 / 33-34 Soi Phenphat 1 Road, Maharaj Road,
電話：02-622-3533
營業時間：8am-5pm
網頁：www.watpomassage.com

黎明在此開始

15

鄭王廟 **MAP14-14/A5**

Tha Tian (N8) 碼頭乘渡河船過對岸。

湄南河西岸在大城皇朝有座瑪喀寺，現時在玉佛寺的玉佛便曾在此供奉，及後為紀念率軍驅逐緬甸敵人並建立吞武里皇朝的華裔泰皇鄭昭，重修此寺並改名鄭王廟（Wat Arun）。

位於4個小塔正中高79米的拍攀寶塔，始建於1842年，外面裝飾主要是以複雜的雕刻，並鑲嵌彩色陶瓷片、玻璃和貝殼，是泰國最大的大乘塔；周圍尚有4座與之呼應的陪塔，形成一組龐大而美麗的塔群。每日晨曦之際，塔尖發出光芒直插雲霄，人們有感這裡是一天首先接觸陽光的地方，故此又被稱為黎明寺。

INFO
地址：Wat Arun Ratchawararam is located on the west side of Chao Phaya River No. 34, Arun Amarin Road, Kwang Wat Arun
電話：02-465-5640　營業時間：8:30am-5:30pm
入場費：100銖/位　　網頁：www.tourismthailand.org/Attraction/phraprang-wat-arun-ratchawararam-ratchawora-mahawi

黎明在此開始

The City Pillar Shrine

MAP14-14/C2 16

MRT Sanam Chai 站1號出口徒步約9分鐘。

這間香火鼎盛的小屋，內有多具佛像，主角是放在神壇前一具約2呎高的銅製「托佛」，神奇之處是隨時有不同重量，不同的人托起它，都會感受到不同的重量。當善信詢問任何問題時，「托佛」便會透過重量的輕重來答覆對方，相當不可思議。

除有得托佛問前程，原來還信奉兩條柱，泰國人稱為「國柱」，遇上解決不到的煩事，也會去求拜國柱。他們會以鮮花、香燭、蓮花、花環供奉，以彩色絲巾綁在「國柱」後，再入大殿跪拜。

INFO
地址：Nhaphralan Road, Sanamluang
營業時間：7am-6pm

MRT Sanam Chai 站1號出口徒步約9分鐘。

正宗迷彩用品

MAP14-14/D2 17

Atsadang Road

軍人用品街在大皇宮附近的Atsadang Road，集合十多間軍用品店舖，海、陸、空軍用品種類很繁多，由軍刀、軍靴、褲至大軍袋都有，而且全是正貨。由於不是旅遊點，貨品並非遊客價，比翟道翟還要平。而且此條街亦有一些樂器店，可見曼谷也有不少Rock & Roll搖滾fans。

INFO
地址：Atsadang Road, Phranakorn

泰好資訊　**MAP14-14/C5** 18

Museum of Siam

🚌 MRT Sanam Chai 站1號出口即達。

遊客們到曼谷去大皇宮參觀外，最多再參觀一個臥佛寺就會離開，但其實Museum of Siam也值得參觀。由六世皇近百年前的古屋改建而成，分了3層，共有17間房。每間房有圖文並茂的英文解說泰國的由來，一些冷知識，甚至互動遊戲，電視片段。資訊豐富，如果你是個真正的Thailand Fans一定會喜歡。

而且館內更歡迎拍照，你可坐在篤篤車內扮司機、或在60年代的古董車內扮有型、坐在主持台上充當第4台的新聞報道員。娛樂資訊兼備，甚有參觀價值。

INFO
地址：4 Sanamchai Road, Phranakorn, Phrabarommaharachawong
電話：02-225-2777
營業時間：10am-6pm（星期一休館）
入場費：100銖/位
網頁：www.museumsiam.org

🚗🚌 MRT Sanam Chai 站1號出口徒步約5分鐘。

鮮為人知的河邊餐廳

Eat Sight Story 19

MAP14-14/B4

在臥佛寺前面有很多間享有河景的河邊餐廳，食物價錢不貴，對著鄭王廟 Wat Arun。

這間所介紹的餐廳是一層式建築物，分冷氣區和非冷氣區，均可以看到河景。餐廳樓上雖然沒酒店，但他正是另一間酒店 Arun Residence 所屬的餐廳，是這區一眾河邊餐廳中唯一一間較為高檔而又不是在酒店之內的餐廳。

這裡旁邊的這間酒店 Sala Iada nakotsin，也有一間露天河景餐廳，所提供的是泰菜，Sala 旁亦有一間小酒店當中都有河邊餐廳。3間河邊餐廳聚在一起，大家可以先去大皇宮、臥佛寺參觀，傍晚時分再到餐廳趁著 magic hour 用膳。

INFO
地址：End of Soi Tha Tien, Maha Rat Road
電話：02-622-2163　**營業時間**：11am-10pm
網頁：www.facebook.com/ESSDeck

14-17

大皇宮附近最美麗餐廳

Sala Rattanakosin

//////////////////// MAP14-14/B4 20

🚗🚕 MRT Sanam Chai 站1號出口徒步約5分鐘。

　　大皇宮後 Wat Pho 臥佛寺對面有幾間 local 小酒店，酒店內都有小型餐廳，但説到環境最好的就是這間剛剛新開張 Sala 酒店內的餐廳。

　　酒店的地下、1樓、天台都有餐廳，而在1樓的這間可以説是整個區內最美麗最好的一間，為何這麼説？因為它面向鄭王廟，而且落地大玻璃內有冷氣。

　　餐廳除了有午餐和晚餐供應外，遲些可能會推出 Afternoon Tea，在這裡飲杯咖啡食件餅，看看泰國鄭王廟的景色，相當歡愉，景色一流，尤其是傍晚 magic hour 之後，鄭王廟會燈火通明一直到凌晨5點。無論是住在這裡或是來食飯，都可以欣賞到這般景色。

　　來這裡的方法很簡單，這間酒店在 Tha Chang 和 Tha Tien 碼頭附近，如果在 Spahan Taksin 坐船到酒店的話只是幾個站。另一種辦法是，大家行完大皇宮後，想食個冷氣餐和欣賞鄭王廟的環境的話，這裡最適合不過。

INFO
地址：39 Maharat Road, Rattanakosin Island
電話：02-622-1388
營業時間：11am-9pm
網頁：www.salaresorts.com/rattanakosin

佛具一條街
佛光街 **21**
MAP14-14/D2

Tha Chang（N9）碼頭轉乘篤篤或的士前往Wat Suthat Thepwararam Ratchaworamahawihan，佛具用品店在Bamrung Muang Road。

從上文的軍街再落一條街就是這佛光街，整條街所賣的全是與拜神禮佛有關，由未開光的大小佛像至各款木製神壇，又或者佛經CD與和尚用品都有。要買佛具用品便可到來，事實不少出家人及他們的信徒都會在此Shopping。

INFO 地址：Bamrung Muang Rd, opposite to Wat Suthat

去海軍重地Shopping飲咖啡 **MAP14-14/A2** **22**
Navy Wives Association Shop

MRT Sanam Chai 站1號出口徒步約9分鐘。

在曼谷大皇宮附近有一個叫Tha Chang的碼頭，旁邊有個小賣店，其實是泰國海軍太太組織起來的福利中心。中心內有不少的海軍產品賣，包括小型公仔、貼紙、海軍軍章、雨傘、海軍軍歌CD。

如果你是海軍fans，在大皇宮、臥佛寺參觀完可以去這裡Shopping及休息一下，是個過冷河的好地方。

INFO 地址：77 Maharaj Road, Grand Palace, Khwaeng Phra Borom Maha Ratchawang（Next to Tha Chang Pier, Maha Ratchawang Road）
電話：02-623-5551
營業時間：8am-5pm（星期六日10am開店）

MAP 15-2/C1

Hua Lamphong

Lumphini

食在1962年

Zong Ter松德

01

🚗🚌 MRT Wat Mangkok站3號出口，直出見Charoen Krung Soi 16 即見松德的招牌。

唐人街近年都出現翻天覆地的變化，特別是飲食方面。由昔日掃街mode，漸漸「升級」，真正入屋，而且還可以坐得舒舒服服——今次介紹的正是由老店翻新，重新出發的中式點心cafe「Zong Ter松德」。

店家地點就在龍蓮寺站旁邊的一條小巷內，這條巷全是雜貨攤檔菜檔等，巷子本身十分好找，但茶室要花點眼力。原來舊樓昔日是間貿易公司，今日改建成餐廳。食物有中式點心、茶飲、餃類、炸饅頭等等，亦有正餐滷水雞脾飯等。

INFO
地址：111 Soi Charoen Krung 16
電話：02-222-4490
營業時間：9am-6:30pm
網頁：www.facebook.com/zongter1962

A　　**B**　　**C**　　**D**

1

Wat Mangkon

出3

Ratchawong Rd.

La Chinatov

08

Charonen Krung Soi 16

出2

01

Phalit Phon Alley

10

出1

2

Thanon Suapa

Plaeng Nam Rd.

Hotel Royal

11

Yao Warat Road

12

Yaowa Phanit

關羽廟

06

09

Phat Sai

Somyot Alley

3

蘇成興大金行

Song Sawat P

Yaowa Phanit 1

N5

Tha Ratchawongse

Soi Wanit 1

Song Wat

Song Sawat P

4

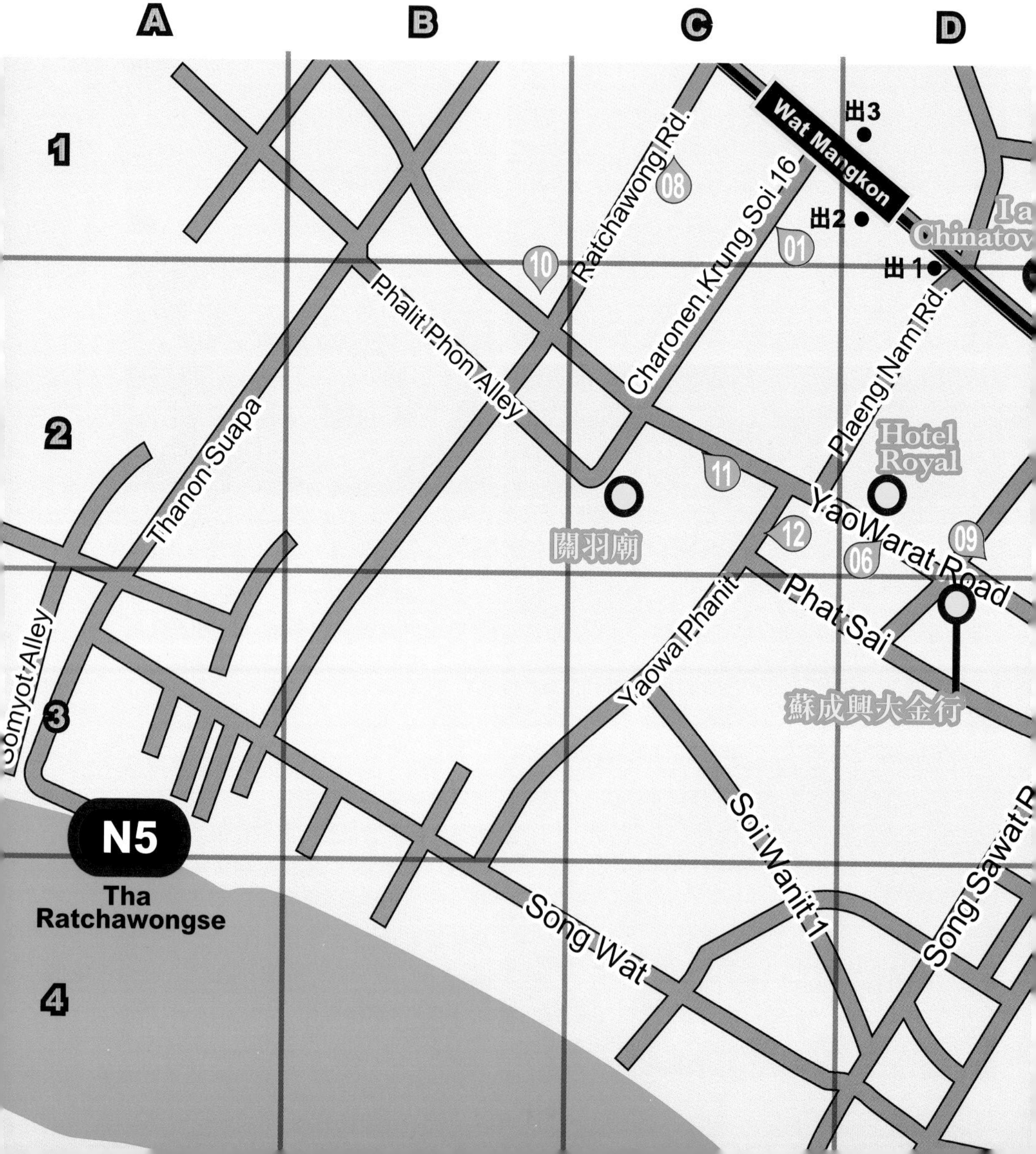

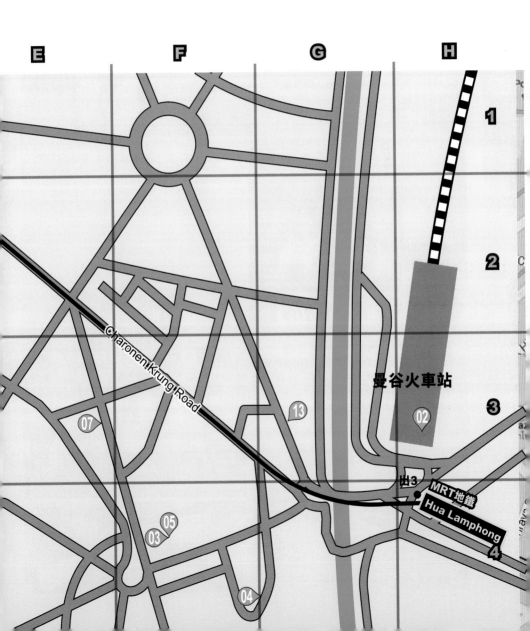

Map 15-2
Hua Lamphong

E F G H

1

2

曼谷火車站

3

Charoen Krung Road

13

07

02

出3

MRT地鐵
Hua Lamphong

05

03

4

04

曼谷火車站 **MAP 15-2/H3** `02`

Hua Lamphong Train Station

🚇🚗 MRT Hua Lamphong站4號出口，向 Bangkok Centre Hotel 方向徒步約2分鐘。

　　泰國火車網絡完善，除了布吉島外，差不多每個地方都可到達。火車內有冷氣頭等座位，有些更有床位給你休息。大堂內什麼商店也有，如食肆、電腦店等，應有盡有。

INFO
地址：Rama 4 Road, Hua lamphong
電話：02-236-1772
營業時間：5pm-12:30mn

🚇🚗 MRT Hua Lamphong站1號出口，面向馬路向左直行，橫過馬路後見內街馬路直入，金佛寺就在右邊。

重新興建

金佛寺 **MAP 15-2/F4** `03`

　　金佛寺，泰文讀法是「屈帝meet」，內藏的金佛是全球最大和最貴的。2010年重修之後的金佛寺比以前更靚、更大。金佛搬了

上佛寺最頂部，上寺頂參拜要除鞋，廟內不可燒香，環境清新。而且增設一個金佛寺博物館，由當年如何發現金佛至現在金佛搬到新的地方，資料詳盡，值得一看。

INFO
地址：Thanon Mittaphap Thai-China, Talat Noi, Samphanthawong
營業時間：8am-5pm（逢週一休息）

MAP 15-2/F4

04

Hua Lamphong

Lumphini

70年老字號超級燒肉飯

Kiao Morakot

在Wat Traimit對面, Soi Sukon 1, number 80-82，在金佛寺對面的Soi入內大概3分鐘右邊 Google map：13.737037,100.514669

超級燒肉飯是指泰國人愛食的Khao Moo Deang，泰國燒肉飯的特色是加入了大量的醬汁，會滲入到飯粒裡，味道有少少偏甜，跟香港的食法完全不一樣。

這間店已經開業70年的家族生意，這間店，店鋪沒有英文名，只有泰文名Kiao Morakot，有綠翡翠的意思。因為份量大和具名氣，不少本地人也會慕名來幫襯。

INFO 電話：081-567-9006

唐人街歷史博物館 **MAP 15-2/F4**

歷史博物館 **05**

MRT Hua Lamphong站1號出口，面向馬路向左直行，橫過馬路後見內街馬路直入，金佛寺就在右邊。

大家對曼谷唐人街的認識有幾多？除了知道有林真香、T&K及魚翅之外，還知道什麼？你知不知中國人首次到達泰國是何時？你知不知當年的唐人街是甚麼樣，你又知不知當年唐人街的生活是怎樣？下次去唐人街食翅時，不妨去到街口的金佛寺參觀。重新裝修後的金佛寺，內設有一個唐人街歷史博物館。

入面有模擬當年大船運人運貨去泰國的情形，加入燈光效果和片段，遊人可感受當時情況。除此之外，有真人公仔示範當年生活及社區活動，全場所有圖像模型都有中文解說。

入場參觀要除鞋，連上頂樓140銖一位。每日開放時間為朝8晚5，逢週一休息。

INFO 地址：Wat Tmit 661 Talant Noi
營業時間：8am-5pm（逢週一休息）

唐人街
MAP 15-2/D2 `06`

🚗 MRT Hua Lamphong站1號出口轉乘的士至Yaowarat Road約10分鐘，可選在銀都魚翅酒家附近下車，沿行車方向行路掃街。

唐人街是許多旅客專誠來「找吃」的地方！由路邊攤，水果檔，以至地舖小餐廳，大至酒家西餐廳都一應俱全。雖説沒有空鐵或地鐵可以直達，但大家仍對這條「Gai Ge 冷」好地方充滿熱情，吃個不停！

到唐人街最好選擇晚上，一來天氣較清涼，二來有不少車仔檔及大排檔美食。若不介意衛生問題，真的應該嘗試唐人街上多款價廉美味的小吃。這裡晚晚街上坐滿人，很有大排檔氣氛；以下是一些心水推介，但是要注意，只在晚上營業。

INFO
地址：Yaowarat Road
(耀華力路)

大蟹箝麵搬新店 **MAP 15-2/E3** `07`
Odean（興來飯店）

🚗 唐人街New Empire酒店正門對面小路行入，第一個路口轉右靠右行，舖面有一食物櫃掛滿大蟹鉗。

之前曾經介紹過在金佛寺後面的「興來飯店」，已從舊址搬到同一條街較後的位置，即是舊店的斜對面。地方比之前大了少許，乾淨多少許，主打當然是那500銖一碗的大蟹箝麵，大大隻

去殼蟹箝還有兩大揪蟹肉再加上自製的麵和水餃。

大蟹箝真的滋味十足，啖啖肉，而且與陳牛記不同，這裡有冷氣，不用在路邊吃。

INFO
地址：Charoen Krung Rd, Talad Noi
電話：086-8-2341
營業時間：9am-8pm
(每月最後一個週二休息)

排隊燒麵包 08
MAP 15-2/C1

唐人街上人氣最盛的街邊小販，可以說是這個燒麵包的檔口，每日人流不絕，賣的是新鮮的燒麵包及咖央，價錢幾十銖有交易，賣相造型雖然一般，但很多人排隊買，因夠風味，但如你是糖尿病病患者則要小心，因都很甜的。

和成興大金行轉右入Mangkorn Rd

地址：49-51 Soi Phadungdao Yaowarat Rd.
電話：02-223-4519
營業時間：4:30pm-2am；星期日休息

路邊燒海鮮 MAP 15-2/D2 09
T&K Seafood

唐人街成發興大金行旁邊（即Yaowarat Road 及Phadung Road交界）。

讀者大力推介的T&K Seafood，就在南亞魚翅的街口，其實對面街口也有另一間類似的燒海鮮檔，但口碑始終這間最好，平、靚、正。若怕熱，樓上更有冷氣雅座。這裡最出名是燒蝦、青口及炒飯。

唐人街360餐廳 MAP 15-2/B2 10
Sky View 360@Grand China Hotel

唐人街Yaowarat Road及Ratchawong Road交界。

唐人街上唯一的星級酒店是Grand China Hotel，25/F有可望到唐人街及其他地區的360度餐廳Sky View 360，無論是食飯或只是飲番杯，都無任歡迎。

地址：25/F, 215 Yaowarat Road, Samphantawong
電話：02-224-9977　**營業時間：**6pm-1am
網址：www.grandchina.com

歷史老店 **MAP 15-2/C2**

合記林真香 11

唐人街聯成興大金行對面。

　　原來在唐人街上合記林真香已開了3間店鋪，這間新店最搶眼之處，就是門口上面的轉動式招牌，要用上20萬港元製造。地方更闊落、更光猛、更乾淨；貨品更齊全，當然繼續提供找換港元及送貨等服務。

INFO
地址：392 Yaowarat Road, Taladkao Jukkawat, Sumpuntawong
電話：02-226-3756
營業時間：12nn-12mn
網址：www.hakee.com/cn/contact-us.php

皇室飯堂 **MAP 15-2/C2** 12

陳再裕酒家 Tang Jai Yoo Restaurant

唐人街和成興大金行轉入Yaowapanit Road，經過UOB盤谷銀行即見。

　　原來每逢大年初一，泰國皇室成員都會到唐人街食飯，吃的並非銀都魚翅或大酒樓，而是光顧這家潮、泰菜的小酒家Tang Jai Yoo Restaurant。食物地道，價錢相宜，但很好吃嗎？就真是見仁見智，但皇室成員都來光顧，總不會差得去邊。

INFO
地址：85-87 Soi Yaowaphanit, Yaowarat Rd., Samphanthawong
電話：02-632-7292；02-224-2167
營業時間：11am-2pm、4:30pm-10pm
網址：http://tangjaiyoo.com

泰愛藝術
The Mustang Blu 13

MAP 15-2/G3

MRT Hua Lamphong站3號出口沿Rama IV Rd過河，見中間白色大樓就靠其右手邊馬路（Maitri Chit Rd）行入即見。

這幢建於1917年的百年大樓原初是曼谷的博愛醫院，後來曾改建成銀行、浴池等等。如今搖身一變，成為精品酒店和cafe。新主人其實是一位泰國知名的藝術家兼舞台劇製作人，所以對藝術和美學都有相當高的要求。

大樓二樓設有10間酒店房間，每間面積約300平方呎，但酒店不設電梯，上落就要徒步啦！地下是酒店附屬的cafe，所提供的飲品和菜式都帶著濃烈的藝術氣息，價錢不算草根，但也不是開天殺價，絕對對得起味道。

INFO
地址：721 Maitri Chit Rd, Khwaeng Pom Prap, Khet Pom Prap Sattru Phai
電話：06-4708-0761
營業時間：餐廳11 am-9pm
網址：www.facebook.com/themustangblu/

Lumphini

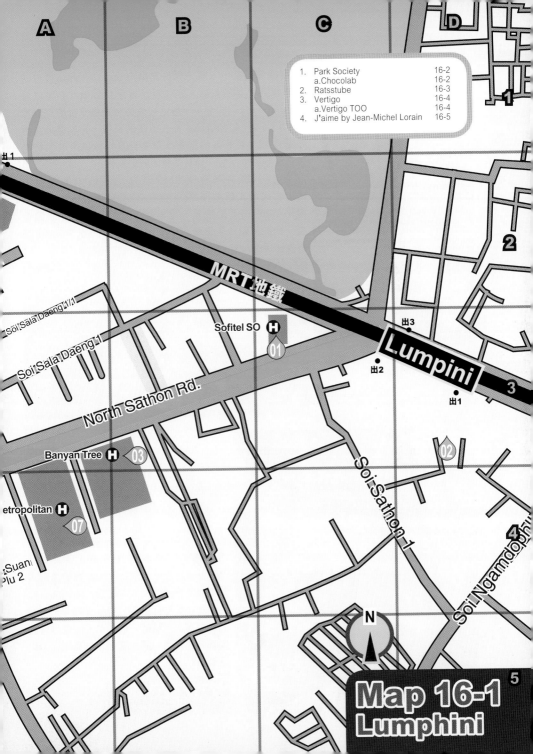

A   **B**   **C**   **D**

1

2

出1

MRT 地鐵

Soi Sala Daeng 1/1

Soi Sala Daeng 1

North Sathon Rd.

Sofitel SO **H** 01

出3

出2

Lumpini

3

出1

Banyan Tree **H** 03

Soi Sathon 1

02

etropolitan **H** 07

4

Soi Ngamdoohlu

Suan
Plu 2

N

Map 16-1 ⁵
Lumphini

~ Sofitel SO ~

又一天台靚景餐廳

Park Society `01`

Map 16-1/C3

🚗 MRT Lumphini站2號出口出，過對面馬路。
Google map：13.726165,100.543166

這裡分兩部分，第一部分是間有open kitchen提供法國和意大利菜的餐廳，座位設計得金碧輝煌，亦可以望到Lumpini公園的全景。落地玻璃旁有幾個座位更可以望到Rama 4一帶的景色，擁有無敵的夜景，至於價錢當然不算便宜。餐廳旁的露天地帶主要是暢飲區，以型格為主，有躺著的沙發，也有像積木般的座椅。

往上一層有稱為Hi So的地方，Hi So文化來自泰國，高級的人稱為Hi So。這裡有4個帳幕位，每個都有無敵Lumpini公園靚景，屬半露天場地，想在此飲飲食食，則需付額外入場費，不論Hi So還是Park Society都有衣著規定，背心短褲不能入場。

INFO
地址：29/F, 2 North Sathorn Road
電話：02-624-0000
營業時間：6pm-10:30pm
網頁：www.so-sofitel-bangkok.com/
　　　wine-dine/park-society

每天朱古力自助餐 `1a`

Chocolab at SO

Sofitel SO Bangkok酒店每日都有提供朱古力自助餐"Cocoa Rush Hour"，包括所有Homemade的朱古力、飲品和糕點任點任食。除Homemade朱古力外，還有一些專門從法國入口的高質素品質，你可透過open kitchen看到廚師製作的過程，還會有訓練班讓客人自食其力。裝修方面，給人感覺就像到處都有朱古力，連天花板也像有朱古力滴下來。

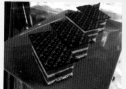

INFO
電話：02-624-0000
營業時間：7am-8pm；Cocoa Rush Hour
　　　　　4pm-5:30pm，星期六日3pm開始

去德國文化協會食德國菜 **02**

Ratsstube Map 16-1/D3

🚗🚕 MRT Lumphini站2號出口徒步約8分鐘

在Sathorn區的德國文化協會，除了有德文學之外，更有德國菜食。

小木屋泰式設計的餐廳，但吃正宗德國菜，德國腸和鹹豬手各300銖左右。光顧的除了有區內德國人也有當地泰國人。當然，如果你住在附近的Banyan Tree或Sukhothai，甚至Silom區附近也可到來一試。

INFO
地址：18/1 Soi Goethe off Sathorn Soi 1, South Sathorn Road
電話：02-286-4258
營業時間：11am-2pm，5:30pm-10pm，週六至日11am-10pm
網頁：www.ratsstubebangkok.com

Lumphini

再與天比高 **03**

Vertigo

Map 16-1/B3

🚇 MRT Lumphini站2號出口轉乘的士約5分鐘。

位於Banyan Tree Bangkok天台的Vertigo，於酒店大堂乘電梯上59/F轉自動扶手電梯往上一層，再行一層樓梯，便見一望無際、絕無玻璃阻擋的360度環迴無敵美景。

建議大家6pm左右到此，因為日落景色十分美，太陽下山後的曼谷夜景亦絕不比香港遜色。到達之前一定要打電話預訂，否則可能沒靚位。dress code是不可穿短褲、背心及拖鞋。

INFO
地址：61/F, Banyan Tree, 21/100 South Sathon Road
電話：02-679-1200　**營業時間**：6pm-10:30pm
網頁：www.banyantree.com/en/thailand/bangkok/dining

風雨不怕天台酒吧

Vertigo TOO **3a**

曼谷的Banyan Tree酒店，天台有兩個餐飲地帶，一個是Vertigo，一個是moon bar，而最近他們將樓下一層的中菜廳改成Vertigo TOO。最重要是景色無敵，分了樓上樓下兩層，建議大家於日落黃昏時前來，景色更漂亮，拍的照也更漂亮。

提提大家，這裡有dress code，背心短褲拖鞋不能進入，而短褲方面酒店也早有準備，如果人客真的穿了短褲的話，他們會有一些簡單褲款借出，男女裝都有。

INFO
電話：02-2679-1200
營業時間：星期六及日下午茶1pm-5am；
　　　　　　晚餐6pm-10:30pm

米芝蓮三星法國餐廳

J'aime by Jean-Michel Lorain

04

🚗🚕 MRT Lumphini站1號出口轉乘的士約5分鐘。

在曼谷要食法國菜絕不是難事，但這間法國餐廳——J'aime卻大有來頭，設在U Sathorn Bangkok酒店內，是由曾是最年輕的米芝蓮三星廚師 Jean-Michel Lorain開設。

「經濟」一點的可以點選Set Lunch (1,700銖)，豐富一點可以選晚市套餐，有6道菜，2,900銖和8道菜的3,500銖，可以一次過嘗試多種不同菜式和甜品。價錢方面實不便宜，但一定比法國總店抵食。

INFO

地址：U Sathorn Bangkok, 105 Soi Sathon 1, Thung Maha Mek, Sathon

電話：02-119-4899　　**網頁**：www.jaime-bangkok.com

營業時間：12pm-2:30pm, 6pm-10:00pm，星期二、三全休，星期四只開晚市

蘇凡納布機場
（Suvarnabhumi Airport, BKK）

由機場至市內交通：
機場鐵路 Airport Train

SA Cityline 列車

機場快線於2014年底，取消SA Express，
只餘下 SA Cityline 繼續運作：

SA Cityline： 由機場至 Phaya Thai 站，接連
BTS Phaya Thai (N2) 站

網頁： http://airportraillink.railway.co.th
http://bangkokairporttrain.com

旅客步出海關到達入境大堂後，轉至最底層便是
機鐵站入口。旅客乘 SA Cityline 由機場站出發，途
經6個分站至 Phaya Thai 終站，15分鐘一班，車程約為26分鐘。到達 Phaya
Thai 站後，可經月台旁的天橋轉乘 BTS，惟乘 BTS 列車時需另外購票。

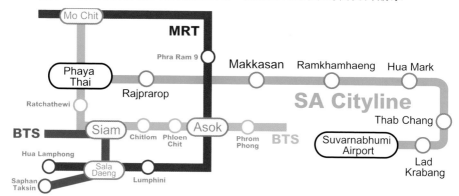

機場至市區交通比較

	的士	SA Cityline
目的地	直達酒店	Phaya Thai 站再轉乘 BTS + 步行
車費	連公路雜費約380銖	每位45銖
車程	約45分鐘	約26分鐘 + BTS 車程約20分鐘
營運時間	24小時	5:30am-12:00mn
班次	不定，但的士充足	15分鐘一班
行李安排	司機代提	自提

的士 (Taxi)

自從搬過新機場後，許多交通設施都重新安排。新機場的入境大堂 (Arrival Hall) 在 Main Terminal Building 的2/F，離開海關後，走落一層至1/F外的公共的士站乘搭的士前往市區。

乘客前往站頭的自動派票機，按螢光幕取票。票上會列印出接載你司機的位置（Lane），然後就走到相對應的車位上車。

曼谷市塞車是老問題，而大多數司機都會主動選擇行 Toll Way 或 High Way 爭取時間，若旅客擔心司機不懂上橋或故意「dum 波鐘」，可於開車前跟司機說：「Go Toll Way」！在入境層乘搭的士到市區，需要在咪錶顯示的車費上附加50銖的手續費。一般情況下，由新機場前往市中心需時約35-45分鐘，總車費（咪錶收費＋機場服務費50銖＋公路費）約為300-380銖左右。

乘車流程：

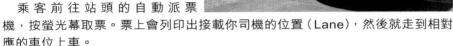

1) 先到站頭的派票機取票。

2) 取票後查看票上的司機位置號碼，自行前往司機的停車處。

3) 車票交予司機確認，然後上車。

旅遊達人　　　　　　　　　500銖包車？

近日收到讀者來信，指機場的士站出現500銖包車的服務，想查問是否屬實。其實由始至終機場的士站是沒有500銖包車服務。司機首先向跟旅客說一大堆不明所以的泰文，然後快快開車。的士駛離站頭後，司機會向旅客「確認」包車服務。如旅客一頭霧水，司機就不用咪錶一路開車。

其實從新機場至市中心 Siam，總車費頂多380銖，故沒有包車的必要。如遇上以上情況，最好的方法就是上車後立即要求用咪錶（向司機說「猜滅他」），不用的話就作狀下車，司機多數會「就範」改用咪錶。

至於酒店返回機場，很多時候酒店職員會跟司機「姨吟」兩句，跟著說司機要450銖-500銖包車。當然，你不趕時間大可以等第二架，但當你要「趕飛機」的時候，就只好就範，多付的車錢就當買些舒服時間。

廊曼機場
(Don Mueang International Airport, DMK)

廊曼機場T1航廈

廊曼機場T2航廈

這個機場，曾幾何時是曼谷接通世界各地的唯一國際機場。不過，自新機場Suvarnabhumi Airport (BKK)2006年啟用後，廊曼機場一度停用。惟一年後舊機場重新啟用並改建，現分設T1（國際）及T2（國內）航廈。

由機場至市內交通：
T1（國際線廉航）
機場巴士：

往返機場至BTS Mo Chit站的A1機場巴士

29號
廊曼機場＞唐人街＞Victory Monument

A1號（行高速公路）
廊曼機場＞BTS Mo Chit（入境層6號閘口，30銖／位，車程約20分鐘）市區回程往機場，可到BTS Mo Chit站3號出口等巴士。

的士：

從正規的安排上，旅客應在入境層外8號閘口的士站乘的士前往市區。但可能要排長龍，而且要加50銖的手續費（以Siam為例，照咪錶計車費，車費連公路費及機場手續費約350銖；如無大塞車，車程約25分鐘）。

小編建議資深旅客可以到離境層(Departure)的士站踫運氣，一來無人龍，二來免手續費。

不過缺點是無專人替你跟的士司機溝通前往的目的地，可能要靠自己或事先預備泰文地址較為保險。

T1入境層的士站

停泊廊曼機場T1的航空公司：
Air Asia/ 泰國東方航空 / NokScoot (酷鳥)/
機場網頁 :http://donmueangairportthai.com

2/ 市內交通：
的士 (Taxi)

和香港一樣以咪錶收費，起錶首2公里35銖，以後每跳2銖，十分抵搭。截的士時只要見到車頂有 meter 標誌便可截停。

然而很多的士司機都不諳英語，所以最好先請酒店職員為你準備泰文地址。的

若有的士司機拒絕以咪錶收費，搭客大可以選搭另一輛。反正的士在曼谷多的是

士車身的顏色只代表不同的士公司，跟收費無關。近年有司機不用咪錶收錢，開天殺價，故遊客上車前可先向的士司機問「滅他」（即帶泰文口音的meter!），如司機不用，則可選另一輛。（或截車前用 Google Map 計算路程及車費，合理還價！）曼谷的士通常於每天下午四時多「交更」，故該段時間前後會較難截車。

篤篤 (Tuk Tuk)

大部份司機會開天殺價，因此必須議價到底，或以開價的三分一價錢開始還價。

在曼谷仍有不少篤篤司機不懂英語（簡單如 Pier, Boat 都不懂），大家應確保司機清楚知道目的地才上車。

若旅客貪過癮可試搭一兩次，但沿途吸入其他車輛的廢氣確不好受。如遇上那些妄顧安全沿路「片車」的「篤篤車神」，更是危險，故編輯部建議旅客還是少搭為妙。

泰有用 Call 車 app

Grab	Bolt	CABB
Grab:Taxi & Food Delivery	Bolt: Request a Ride	CABB
預約費：Grabtaxi 即時 20銖； 預約 45銖； **7 Seater** 預約150銖 **短評：** App 綁定電子付款，GPS 司機定位顯示準確，惟車量較少。有英文客服，行程後可直接聯絡司機取回失物。	**起錶：** 40銖起 **短評：** 可以用現金或綁定電子付款付車費，車費 Grab 及 Cabb 便宜近30%，但繁忙時間則較貴，Call車前易比較一下。司機屬自僱，沒有客服；有6人車款提供。	**起錶：** 60銖 **短評：** App 綁定電子付款，GPS 司機定位顯示不太準確；車款獨特，司機屬公司聘請，但車貴較貴；有英文客服；車內有免費Wifi及5V USB充電。

BTS（空鐵）（深綠及淺綠色線）

分 Silom 及 Sukhumvit 兩條線，途經各大商場及旅遊點。像香港般閘前有自動售票機，票價由15銖至42銖不等，沒零錢的話可以到站內服務處找換零錢，亦可購買140銖的一日任坐通行證，而服務時間為6:00am-12:00mn。

BTS 單程票購票方法：

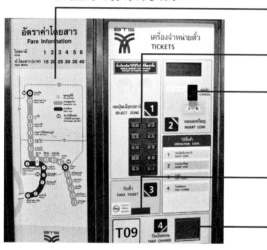

1. 從地圖上找出欲前往車站的區域 (Zone) 及其車費

2. 選擇區域

3. 投入硬幣

4. 取出車票

5. 找零錢

曼谷八達通「Rabbit Card」：

　　功能跟香港的八達通相似，可以用於BTS空鐵的車費，或連鎖餐廳foodcourt付款。2019年開始行實名制，遊客購卡時需出示護照登記。

　　Rabbit Card 可以在各BTS車站票務中心買到，每張最低消費是100銖（100銖註冊費；不退回）。純綷增值，每次最少100銖，以100的倍數增加，即200、300......。最多可儲4,000銖。在網上各網店可預購 Rabbit Card，到埗後取卡，不用登記護照，**惟用完內存金額後，去便利店充值時，就需要出示護照登記姓名。**

MRTA（地鐵）（藍色線）

　　跟香港的地下鐵的型式差不多，車費由14銖至36銖不等，可於Silom站轉BTS Sala Daeng站或Sukhumvit站轉BTS Asok站，服務時間為6:00am-12:00mn。

　　地下鐵的車站較少經過旅遊區，故遊客對地下鐵會較為陌生。但若要由Silom或Lumphini往返翟道翟，地下鐵的Kamphanphet站就最適合不過了！

MRTA 購票方法：

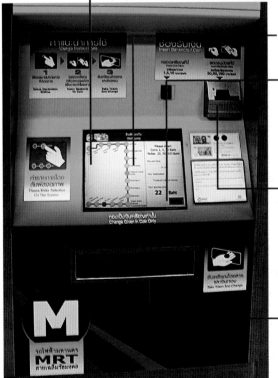

1. 在輕觸式的螢幕上選擇語言（英文或泰文）

2. 在欲前往車站圖示上輕按

3. 選擇車票張數及類別（成人或小童）

4. 投入硬幣或紙幣

5. 取出代幣及找零錢

1/ 簽證：

香港特區護照及 BNO 持有人

持有效期六個月或以上的 BNO 或香港特區護照一律免簽證，逗留期限為 30 天。

簽證身份證明書 (D.I.) 持有人

持簽證身份證明書（D.I.）的人士須到 www.thaievisa.go.th 申請簽證。

2/ 貨幣：

流通貨幣為「Baht」、中文作「銖」，然而讀音應為「匹」（有勞大家不要再讀作「朱」了）。根據 2023 年 3 月的銀行匯率，每 $1 港元可兌換約 $4.5 泰銖。兌換泰銖在曼谷相當方便，但在曼谷機場禁區內的匯率比較差（相差約 15-20%），如沒有必要，請到機場 B1/F 機鐵站，或留待到市區的 superrich 才兌換。

3/ 電壓及電話：

　　與香港同為 220 伏特，而插頭為兩腳扁插（見下圖）。泰國的國際號碼是「66」，曼谷區碼為「2」，而曼谷電話號碼全為 7 位數字，多過 7 位者之後的應為內線號碼。例如在香港想 Bucchus 訂位，應打 66-2-650-8986，到了曼谷後想 confirm booking 的話便要在「2」前加個「0」，即 02-650-8966。為方便讀者，本書列出的電話號碼均假設讀者在曼谷打出，故讀者到了當地就不用再打 66，而可以直接打書上列出的電話號碼。

市內 / 漫遊通訊

　　旅客可於市內任何一間 7-11 便利店或機場入境大堂 2/F 購買當地電訊公司的 Prepaid SIM Card。

　　以 truemove 為例，公司提供專為遊客而設的 Tourist SIM，399 銖一張，內有 100 銖通話額（1 銖 / 分鐘），首 8 天無間斷無限制的 5G/ WiFi 上網！

　　在曼谷市面可買到的 Prepaid SIM Card 多不勝數，但以這 3 家公司較為出名：One-2-Call, dtac 及 True Move，各公司不定期有通話優惠，詳情請到各公司網頁查詢：

dtac
www.dtac.co.th

One-2-Call/ AIS
www.ais.th/one-2-call

True Move
www.truemoveh-thailandsim.com

編者在九龍鴨寮街的電話卡檔，以約 \$50/張 輕易買到，隨卡還付送 iPhone SIM 卡槽針乙枝，極之方便。到埗後直接換卡，電話就已經自動換台及可以上網上 facebook，十分方便。

dtac 有出售供 iPhone 用的 micro Prepaid SIM Card。舖位就在入境大堂外。一出海關就見。

電話卡充值

編輯部建議，為安全方便計，請於購買 SIM Card 時一併購買充值用的 Top-Up Card（充值卡）。一般旅客購買 90 銖的一款便已足夠，充值時先刷出咗上密碼，按指示輸入即可充值。

若要以泰國的 Prepaid SIM Card 以 IDD 致電回港，通話費約每分鐘 1 銖。致電前需在香港號碼前加上「00600-852」。

在曼谷的便利店可買到當地通用的 SIM 卡及充值卡。方便易用

4/ 天氣及時差：

最佳旅遊季節為 11 月至 2 月，5 月至 10 月是雨季，而 2 月至 5 月是夏季，氣溫可達攝氏 38 度。基本上，曼谷經常會出現陣雨，在短時間內下一場很大很大的雨，之後又會雨過天晴。故此旅客外出時不妨帶備雨具，萬無一失。

時差方面則比香港慢 1 小時。即香港 9:00am，泰國為 8:00am

5/ 出入境 e 道：

泰 國 在 2018 年 9 月 15 日 開始，在曼谷兩個機均設置全自動化的「出入境 e 道」，旅客可以經過「出入境 e 道」進行入境手續，整個過程約 30 秒左右，相當便捷。

暫時在曼谷蘇凡納布機場（BKK）設有兩台，而在廊曼機場（DMK）則暫設一台。

6/ 出入境咕填寫：

入境咕正面

T.M.6 ตม.6
THAI IMMIGRATION BUREAU

บัตรขาเข้า
ARRIVAL CARD

ชื่อสกุล FAMILY NAME	CHAN（姓氏）	ชื่อตัว FIRST NAME	MEI LING（名字）	ชื่อกลาง MIDDLE NAME	

เพศ/Gender ชาย Male □ （性別）Female X（性別）
สัญชาติ Nationality CHINA（國籍）
เลขที่หนังสือเดินทาง Passport no. HB0566xx（護照號碼）

วัน-เดือน-ปีเกิด Date of Birth DD 2 5 MM 0 2 1 9 7 6（出生.日.期）
หมายเลขเที่ยวบินหรือพาหนะอื่น Flight no. / Vehicle no. TG607（入境航班編號）
ตรวจลงตราเลขที่ Visa no. Tx851xx（簽證號碼，如適用）

อาชีพ Occupation CLERK（文員）RETIREE（退休）
เดินทางมาจากประเทศ Country Where You Boarded HONG KONG

วัตถุประสงค์ของการเดินทาง Purpose of Visit HOLIDAY（渡假）
ระยะเวลาที่พักอยู่ Length of Stay 4D3N（逗留日數）
สำหรับเจ้าหน้าที่/For Official Use

เมืองและประเทศที่ท่านพำนัก / Residence City / State
Country of Residence HK

ที่อยู่ Address in Thailand ARNOMA HOTEL（泰國地址，填酒店名即可）

โทรศัพท์ Telephone
อีเมล Email

ลายมือชื่อ Signature （簽名）

NR50409

เฉพาะชาวต่างชาติ กรุณากรอกข้อมูลบนบัตรทั้ง 2 ด้าน / For non-Thai resident, please complete on both sides of this card

---

เฉพาะชาวต่างชาติ / For non-Thai resident only

入境咕背面

Type of flight
□ Charter（航班種類，勾選「客機」即可） X Schedule

Is this your first trip to Thailand?（在泰國的住宿）
□ Yes（第一次到泰國嗎？是 / 否） X No

Are you traveling as part of a tour group?
□ Yes（參加旅行團嗎？是 / 否） X No

Accommodation（酒店）
X Hotel   □ Friend's House（朋友家）
□ Youth Hostel（青年旅舍） □ Apartment（單位）
□ Guest House（賓館） □ Others（其他）

Next city/Port of disembarkation. BKK（下一站或回程地點）

Purpose of Visit（旅遊目的）
X Holiday（渡假） □ Meeting □ Sports
□ Business（公幹） □ Incentive □ Medical & Wellness
□ Education □ Convention □ Transit（過境）
□ Employment □ Exhibition □ Others

Yearly Income（年薪——以美金計）
□ Less than 20,000 US$
X 20,001 - 60,000 US$
□ More than 60,000 US$
□ No Income

離境咕正面

T.M.6 ตม.6
THAI IMMIGRATION BUREAU

บัตรขาออก
DEPARTURE CARD

ชื่อสกุล Family Name CHAN（姓氏）

ชื่อตัวและชื่อรอง First & Middle Name MEI LING（名字）

วัน-เดือน-ปีเกิด Date of Birth DD 2 5 MM 0 2 1 9 7 6（出生.日.期）

เลขที่หนังสือเดินทาง Passport no. HB0566xx（護照號碼）

สัญชาติ Nationality CHINA（國籍）

หมายเลขเที่ยวบินหรือพาหนะอื่น Flight no./ Vehicle no. TG607（入境航班編號）

ลายมือชื่อ Signature （簽名）

7/ 遊客退稅：

在一些高級消費場所，如spa、大型商場、高級餐廳等，都會收取7%的消費稅 (VAT)。可是曼谷當局為鼓勵旅客消費，故設立退稅制度。

旅客只要在貼有「VAT Refund for Tourists」標貼的商場內購物滿2,000銖便可申請退稅。詳情如下：

退稅流程表

（網站：www.tourismthailand.org/Articles/plan-your-trip-vat-tax-refund）

在同一商場內同一天購物滿2,000銖（可結合當天的單據）

↓

於購物當天到商場內的退稅櫃位出示旅遊證件，並索取一張退稅表格 (P.P.10) 及稅費發票 (Tax Invoice) 正本

↓

登機前到退稅處 (VAT Refund Office) 讓海關在退稅表格上 (P.P.10) 蓋章及檢查物品

或

↓

辦理登機手續及過海關安檢，然後到候機區的退稅辦事處排隊領取稅款

稅款超過 30,000銖
以銀行本票支付或存入信用卡戶口

稅款少過 30,000銖
即時以現金領取

市區退稅櫃位

http://vrtweb.rd.go.th/index.php/en/component/vrt/main/244?layout=detail

Chitlom ZEN 6/F

Siam Paragon G/F

Emporium G/F

DOWNTOWN
VAT refund FOR TOURISTS

8/ 節日：

　　泰國每年有不少節日，旅客若恰巧遇上亦可一同參加慶祝，有關日期可向泰國政府旅遊局查詢（電話：2868-0732）。當中最大的節日為一年一度的潑水節，舉行時間為每年的4月13日至15日。

2023年泰國主要節日

日期	節日
6/04	卻克里王朝開國紀念日 (Chakri Day)
13/04-15/04	潑水節 (Songkran Festival)
01/05	勞動節
04/05	國王登基紀念日 (Coronation Day)
3/06	皇太后壽辰（同為泰國的母親節）
5/06	佛誕
23/10	五世皇紀念日 (Chulalongkorn Day)
05/12	泰王蒲美蓬壽辰（同為泰國的父親節）
10/12	泰國行憲紀念日
31/12	除夕

9/ 有用電話及網站：

電話

泰國緊急求救電話	191
泰國旅遊警察	1699/ 1155
泰國旅遊局協助熱線	02-815-051/ 02-828-129
中國大使館	02-2457-043-4/ 02-247-755-3
英國大使館	02-305-833-3
泰國航空 Thai Airways	02-356-1111
國泰航空 Cathay Pacific	02-263-0606
Air Asia	02-515-9999
曼谷國際機場 BKK	02-132-1888
曼谷廊曼機場 DMK	02-535-2111
香港入境事務處 (協助在外香港居民組)	852-1868（24小時助熱線）

信用卡、八達通報失

匯豐信用卡	(852) 2748-4848	美國運通信用卡	(852) 2811-6122
恆生信用卡	(852) 2836-0838	大新信用卡	(852) 2828-8188
渣打信用卡	(852) 2886-4111	Citibank 信用卡	(852) 2860-0333
中銀信用卡	(852) 2544-2222	Manhattan 信用卡	(852) 2890-8188
東亞信用卡	(852) 2831-9933	八達通	(852) 2266-2266
星展 DBS 信用卡	(852) 2290-8888		

網站

10/ 日常用語

日常用語

救命	吹堆
你好	Sa-Wa-De-Cup（男講）/
	Sa-Wa-Da-Car（女講）
再見	仆梗謎
多謝	確灌
我是香港人	捧並灌康鋼（男性）、
	診並灌康鋼（女性）
是	妻
不是	Mic 妻
多少錢	偷泥
平一點	律（高音）喇蝦
太貴了	pen（低音）幣
要這一個	勾錢 Lee
埋單	check 便 / 夾凳
冷氣壞了	air 寫
燈壞了	廢寫
廁所塞了	鬆活鄧
怎樣去的？	幣孕魏
人妖	架退
好味	阿來
唔好味	咪阿來

Spa 常用泰語

輕力些	鮑鮑（音：鮑起靜的鮑）
大力些	靚靚
好痛呀	蓆
冷氣太冷了	air yen 幣
冷氣太熱了	廊（音：走廊的廊）

數字

1	嫩	2	爽
3	省	4	是
5	蝦	6	酷
7	蓆	8	bat
9	交	10	涉

街道區分

Silom	史弄
Sukhumvit	淑 -kum- 搣
Lumpini	弄便 lee
Asok	亞淑
Saphan Taksin	十盼撻廯
Siam	沙 yam
Thong Lo	燙螺
Phloen Chit	盤娘 - 鐵
唐人街	又話啦
機場	殺腩便
廁所	康腩
便利店	懶殺毒鼠
酒店	弄 Lam

食品

魚翅	who（低音）賊腩
海南雞飯	靠蚊雞
燕窩	撚碌
芒果乾	麥芒 hand
椰青	麥跑
醋	節燥

6/ 常見旅遊陷阱：

A) 好心導遊

小編親身經歷，在 Siam Square 一帶有些衣著整齊光鮮，操流利英文的導遊，向遊客埋手。手法一般是先問遊客是否在找景點，然後會向遊客推介某某節日慶典，然後順道誠邀遊客上車作為嚮導，最後當然是要收費芸芸！

B) 的士無散紙

恍忽全世界的士司機都有這個通病，車費就識收，要找錢時就故作無知。不過情況不算嚴重，欠找十銖八銖，換算作港幣亦只是幾塊錢。當然，有朋友指此等劣行不能縱容，若閣下是正義之士，不妨舉報！

C) 皇宮 / 景點關閉

當大家去到某些景點的途上，可能會遇上一些上述的好心導遊，然後會好心提醒你，説：景點今天臨時關閉，然後會主動帶你去看其他店舖或餐廳。曾經有網友試過被騙子引來的一群白鴿圍著，被迫花錢向騙子買飼料引開白鴿。

《冲遊曼谷》2023年版

作者：	胡慧冲	
出版經理：	馮家偉	
執行編輯：	黃慶雄	
美術設計：	Windy, Polly	
出版：	經緯文化出版有限公司	
	觀塘開源道55號	
	開聯工業中心A座8樓25室	
電話：	5116 9640	
傳真：	3020 9564	
電子郵件：	iglobe.book@gmail.com	
網站：	www.iglobe.hk	

港澳發行：	聯合新零售（香港）有限公司
電話：	852-2963-5300
台灣地區發行：	大風文創股份有限公司
電話：	886-2-2218-0701
國際書號：	978-988-76581-6-0
初版日期：	2019年9月
第8版日期：	2023年3月
定價：	港幣128元 台幣 499元

IGLOBE PUBLISHING LTD.
Rm 25, 8/F, Blk A, Hoi Luen Industrial Ctr,
55 Hoi Yuen Rd, Kwun Tong, KLN